En couverture :
Fers à coque, boules et fers à tuyauter.

« Paysans occupés à préparer le chanvre devant la porte d'une chaumière. »

En 4e de couverture :
« Le Vieux Berger du Mont-Joly. »

collection
HISTOIRE

En souvenir de nos
Ancêtres Normands !
Pour mon frère Bernard
~~Jacqueline~~
Anne
je te transmets
ce livre, en souvenir
de Bernard -
Sincères amitiés

Jacqueline

Coiffes et Costumes des Pays Normands

Textes Fédération Folklorique Normandie Maine

Editions OUEST-FRANCE

  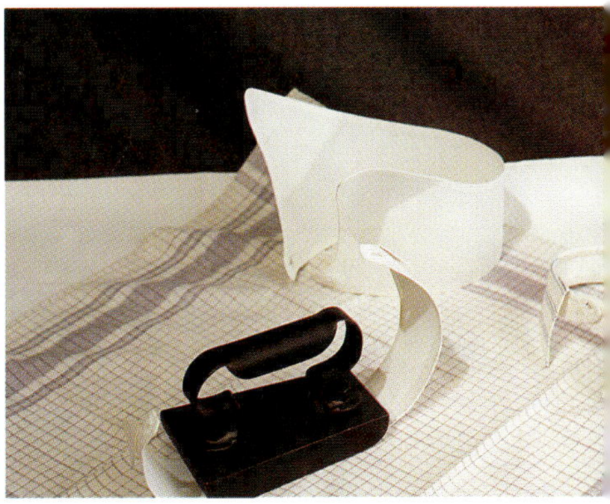

Sommaire

Avant-propos

« Les hommes de progrès sont ceux qui ont pour point de départ un respect profond du passé. »

Ernest Renan (1823-1892)

Durant la période qui s'étire de la Révolution à la Première Guerre mondiale, la mode évolue lentement et la « régionalisation » est forte. C'est pourquoi l'étude des costumes populaires, dans une région particulière, la Normandie, se justifie. Il ne faudrait pas croire pour autant que, pendant toute cette période, les gens se soient vêtus selon un modèle unique, identique pour toute notre province. Bien au contraire, les Normands ne s'habillent pas de la même façon en 1800, en 1850 ou en 1900. De plus, on ne se vêt pas en Cotentin comme dans le Pays de Caux ou dans le Vexin. Il existe une très grande diversité, et l'étude se doit d'être à la fois synchronique et diachronique, ce qui complexifie le compte rendu de ces évolutions dans l'espace et dans le temps.

A la fin du XVIIIe siècle, se vêtir coûte cher : il faut acheter le tissu, faire coudre le vêtement à la main, donc à l'unité. Le vêtement doit être solide et il faut qu'il dure, sinon toute une vie, au moins une ou deux décennies. Ceux qui ne peuvent investir dans un habit neuf achètent des vêtements d'occasion, chez les fripiers. Les enfants portent les vêtements des aînés.

Puis, tout au long de la première moitié du XIXe siècle, la mécanisation de la fabrication des tissus rend plus accessible la matière première du costume et permet une baisse des coûts. C'est à cette époque que les costumes se régionalisent de façon typique. Plus tard, lorsque quelques érudits constatent que le port des costumes évolue rapidement, en partie sous l'influence de plus en plus large des modes de Paris, ils recueillent des éléments vestimentaires. Ils les comparent avec

Costumes de l'arrondissement de Vire lithographie de Lemercier.

Page de gauche : **Coiffe du Bocage normand. Pastel de Gwenola Menot.**

Maquignon, gravure de Lalaisse, lithographie de Charpentier, in *La Normandie illustrée*.

les dessins de quelques artistes, et, créent ainsi la notion de costume « folklorique », sans doute un peu trop modélisé. Il faut leur rendre hommage pour avoir, dès la fin du XIXe siècle, pris l'initiative de consigner les témoignages, de ramasser les objets, de noter les coutumes et les légendes, etc., bref d'avoir imaginé ce qu'est le folklore.

« Folklore »... Le terme a parfois, aujourd'hui, une connotation péjorative ; c'est pittoresque mais sans importance. Pourtant, si le mot n'est pas très ancien, le fait de recueillir et de noter des éléments de culture populaire se pratique depuis longtemps. L'appellation « folklore » fut créée et utilisée pour la première fois par J. W. Thoms dans un article publié dans une revue anglaise, l'*Athenœum*, en 1846, par rapprochement de deux mots, « folk » (au sens de « peuple ») et « lore » (pour « savoir ») ; c'est donc la science du peuple. C'est ainsi que les dictionnaires le définissent. Le mot demeure cependant équivoque, puisqu'il peut tout aussi bien désigner le « savoir » que le peuple possède et la connaissance que les anthropologues ont sur le peuple.

En Allemagne, « folklore » fut traduit très rapidement pour donner « Volkskunde » ; en France, l'adoption fut plus lente, et d'autres mots ont été proposés : « démopsychologie », « anthropopsychologie », « gai savoir » et même « ouï-dire ».

Paul Sébillot publie ses premières études sur *Le Folklore de France* en 1913. Mais, dans un premier temps, le terme s'applique exclusivement à l'étude des contes, des légendes, des croyances, des mythes, des superstitions, des pratiques magico-religieuses. Puis cette conception s'est étendue aux traditions, aux usages et à l'art populaire d'un pays, notamment à la suite des travaux de Pierre Saintyves. En 1936, Sébillot écrit : « Le folklore est la science de la culture traditionnelle dans les milieux populaires des pays civilisés. » Ceci, bien sûr, dans l'acception « populaire » que donne le savant anthropologue Marcel Mauss : « Est populaire tout ce qui n'est pas officiel. » Avec ce sens, toutes les classes sociales, quel que soit leur niveau de culture, quelles que soient leurs conditions de vie ou leurs richesses, possèdent un folklore.

Le Congrès des Folkloristes de septembre 1937 précise que le folklore est « l'étude de tout ce qui concerne la civilisation matérielle, les structures sociales, les traditions et la littérature orales des peuples ». Le champ d'application s'est élargi et il comprend donc la conservation et l'étude des contes, chansons, légendes, cérémonies, institutions, coutumes, pratiques, superstitions, mœurs, croyances et réjouissances.

Puis quelques folkloristes, comme Arnold Van Gennep, ont défini plus précisément les domaines et les méthodes du folklore. Il écrit, dans son ouvrage *Coutumes et croyances populaires en France* : « Le folklore n'est rien d'autre

Costumes normands des environs de Louviers.

que le terme communément admis pour désigner l'ethnographie tournée plus spécifiquement vers les populations rurales d'Europe. [...] Le folklore ne peut exprimer une conception du monde qui lui est extérieur. »

Le folklore devient donc l'étude de tous les faits observés dans un milieu social donné et toutes les productions matérielles, institutionnelles et mentales issues de ce milieu. Cette définition demeure assez large et, notamment, elle pourrait inclure les œuvres artistiques, littéraires, musicales ou picturales. Il est donc bon de préciser que ces dernières sont des œuvres individuelles, alors que le folklore traite des productions collectives.

Une autre différence est aussi à noter : quand la production artistique dite supérieure s'adresse à un public restreint, sans doute supérieur à la moyenne, le folklore est destiné au grand public en un même temps et un même lieu. Autrement dit, le folklore est issu du peuple et est restitué à ce même peuple.

Alors, on peut, peut-être, reprocher au mouvement folklorique d'avoir figé certains concepts, mais ce qu'il tente d'exprimer est une image d'un temps donné saisie en un lieu donné. Les folkloristes ne prétendent pas faire œuvre universelle, ils s'appuient sur le travail de leurs prédécesseurs, continuent à relever les caractéristiques de leur terroir et tentent d'en rendre compte publiquement, au plus grand nombre.

Les faits disparaissent, les souvenirs s'effacent... Où en serait-on, aujourd'hui, si ces premiers folkloristes n'avaient pas sauvegardé un peu de notre patrimoine bien avant que les modernes chercheurs ne se préoccupent de ce champ d'investigation, bien avant que les musées régionaux n'aient été créés.

C'est donc de cette époque, de ces évolutions, que les groupes folkloriques de la Fédération Normandie Maine souhaitent vous rendre compte.

Alain Marie
Président de la Fédération Folklorique
Normandie Maine

La notion de « costume » correspond à une double définition : le costume est le vêtement typique d'un pays, d'une région, d'une époque ou d'une ethnie ; il est aussi l'ensemble des pièces qui compose un habillement masculin ou féminin.

Le *Larousse en dix volumes* complète cette définition en proposant différents rôles assumés par les vêtements.

Ainsi, note-t-il, le costume a dû, dès ses origines, correspondre à d'autres fonctions que purement utilitaires. Soit, il protégeait le corps des intempéries, mais sans doute avait-il des fonctions de caractère magique, il devait être un attribut procurant un pouvoir supérieur emprunté à d'autres humains et parfois à des animaux. Il pouvait être aussi une protection des organes génitaux contre les influences maléfiques.

Le costume procure le moyen de satisfaire le désir, naturel chez l'homme, de représentation et il permet à l'individu de s'identifier à un autre. Il répond encore au souci d'inspirer la crainte, l'autorité. Il sert également à montrer la puissance, la richesse, de celui qui le porte et à témoigner éventuellement de son état ou de sa profession. Une autre fonction du costume est de mettre en valeur le désir de plaire, de faire valoir les particularités de la personne et de lui donner ainsi des armes de séduction.

Coiffes et costumes normands, Caen, 1847.

Page de gauche :
***La Cathédrale de Bayeux*, A. Le Couteulx de Vertron, coll. Musée Baron-Gérard, Bayeux.**

La fonction utilitaire du costume est évidente : il protège du chaud, du froid, des intempéries, de la boue des chemins, du soleil, de la pluie, parfois de certains dangers.

La fonction magique semble avoir perdu un peu de ses significations. On peut cependant encore percevoir des aspects de celle-ci dans des vêtements propres à des rites de passage, comme l'aube de la communion, la robe et le costume de mariage, ou le voile de deuil.

En revanche, la fonction autour de la valorisation de la personne a subsisté. Qu'il s'agisse

Le Château de la Châlerie, tableau d'Amédée Hédin, Musée du Château de Flers.

de s'identifier à un autre, à un modèle, à une mode, ou bien de mettre en valeur sa propre personne, de chercher à plaire, la coquetterie est omniprésente, en tous lieux et en tous temps. Pour la période qui nous concerne, le XIXe siècle, la femme mettra sa belle coiffe pour une cérémonie, tandis que l'homme portera sa blaude, dépéliante, neuve, ou son beau gilet.

Enfin, la fonction identificatrice est, elle aussi, un élément très important. Pour montrer sa richesse, parfois nouvelle, on arborera son bijou de coiffe, son beau fichu, sa chaîne de montre, etc. Quant à identifier l'état, le métier, il suffit, pour l'illustrer, de penser à la tenue de travail des marins, qui est devenue une tenue d'apparat au Pollet ou au Tréport.

Le costume folklorique emprunte à toutes ces caractéristiques.

Nous entendons par costumes folkloriques ceux qui ont été portés à une époque passée, révolue, censée représenter l'apogée des particularismes régionaux, voire locaux. Cette époque, en France, est reconnue pour être post-révolutionnaire ; elle débute avec le Premier Empire et s'étend jusqu'à la fin de la Première Guerre mondiale, parfois encore un peu après. Soit une période d'environ un siècle.

À la fin du XVIIIe siècle, le partage des terres permet aux ruraux de s'enrichir, et par conséquent de pouvoir mieux investir dans l'habillement et ses accessoires.

La Révolution a certes joué un grand rôle dans l'enrichissement des gens et la formation d'une bourgeoisie rurale apte à investir dans une mode spécifique, mais c'est peut-être au cours de la seconde moitié du XVIIIe siècle que les ruraux commencent à se vêtir avec un peu de recherche et de confort.

Auparavant, seule la classe noble et quelques riches bourgeois semblent avoir les moyens de montrer quelques coquetteries. Désormais, on cherche surtout à imiter les vêtements portés à la Cour.

Les costumes doivent être solides, résistants, durer plusieurs années, voire toute une vie.

La mode évoluera très lentement, car le costume coûte cher. Il est souvent confectionné par les couturières locales. Elles sont alors nombreuses, dans les bourgs et les villages.

Puis, à la fin du XVIIIe siècle et au cours du XIXe, les progrès industriels et la mécanisation ont favorisé l'apparition de tissus, de dentelles et autres matières premières devenues plus accessibles. Les filatures vont produire de nouveaux tissus, plus fins, plus fantaisie, sans doute aussi moins chers que les toiles tissées par le tisserand local. Les possibilités techniques d'impression des étoffes introduisent une grande variété dans les couleurs, les thèmes et les motifs.

L'évolution des modes et des costumes se déroule selon un continuum. Il n'y a pas de ruptures, pas de changements brusques, et de ce fait la datation précise d'un phénomène est quasiment impossible. Même lorsqu'un progrès est lié à la mise au point d'une machine, par exemple, et que l'on connaisse la date de cette mise en œuvre, le laps de temps nécessaire entre la création de cet outil et les effets ressentis dans nos campagnes est difficile à mesurer. On connaît la date d'invention du métier Jacquard (1807), mais le temps de la diffusion dans nos pays des tissus engendrés par cette nouvelle technologie et le temps d'action sur l'économie relèvent d'une évaluation approximative.

Une mode est installée, une autre va émerger et la recouvrir peu ou prou. La nouvelle

La carte de Normandie et du Maine.

laissera souvent percevoir des caractéristiques anciennes coexistant avec elle. Les dates avancées ne peuvent donc être qu'indicatives.

La plupart des costumes que nous présenterons dans cet ouvrage sont typiques de la Normandie au XIXe siècle et au début du XXe. Avant cette époque, les ruraux sont habillés de pauvres vêtements de toile, de bure, de camelot, de drap.

Des éléments apparaissent peu à peu, qui aident à identifier distinctement les groupes sociaux.

L'accessoire le plus symbolique en ce sens est sans doute la coiffe. Avec elle, la Normande affirme ses appartenances à un groupe donné, situé dans un terroir. En effet, les coiffes varient d'un pays à l'autre. Ne dit-on pas que chaque paroisse a sa coiffe bien particulière ? Faut-il rappeler les grandes coiffes aux ailes déployées du Cotentin, les bonnets ronds du Pays d'Auge, les sabots et les tiares du Pays de Caux, la bourgogne de la plaine de Caen et du Bessin. La façon dont elle est ornée, avec plus ou moins de dentelle, de broderie, avec des bijoux plus ou moins précieux, indique le rang social de la femme qui la porte. De la même façon, l'indienne de Rouen se distingue sensiblement du droguet à rayures de la plaine de Caen, qui, lui-même, est différent du droguet uni de la Manche.

Enfin, l'évocation des éléments symboliques du costume se retrouve dans la couleur : le voile blanc de la mariée, bien avant la robe blanche ; le ruban noir généralement ajouté à la coiffure de la veuve et, dans certains bijoux, des bagues dites « foy », « esclavage », etc.

Le commerce se développe. Colporteurs et marchands ambulants apportent les nouveautés ; les guerres, celle de 1870 puis celle de 1914-1918, mélangent les hommes provenant de tous horizons. La mode de Paris influence de plus en plus les gens des villes, tout d'abord, puis ceux de la campagne ; les costumes régionaux s'estompent et tombent dans l'oubli. C'est alors que les groupes folkloriques s'attachent à sauvegarder ce patrimoine. Ils donnent une nouvelle vie à ces costumes typiques d'un terroir, parfois avec des éléments originaux, souvent en confectionnant un nouveau costume sur le modèle authentique.

Les groupes de la Fédération Normandie Maine souhaitent vous présenter ceux qu'ils portent fièrement, non pas avec nostalgie, mais pour que ne s'oublient pas les savoir-faire, les coutumes et l'histoire de leurs terroirs.

Ce livre est une participation à l'indispensable devoir de mémoire de nos terroirs.

Les costumes normands

Jupe en coton usagée et rapiécée, XIXe siècle.

Page de gauche : **Robe en cotonnade, XIXe siècle (Détail du poignet).**

Costumes féminins

Sous l'Ancien Régime, avant la Révolution, la société, surtout dans nos campagnes, évolue lentement. Le monde semble immuable, les paysages demeurent, les techniques restent identiques pour cultiver la terre, tisser, travailler ; le mode de vie des hommes lui aussi est stable. Mais, après la Révolution de 1789, les paysans accèdent à la propriété, le régime napoléonien apporte de la stabilité et de l'aisance, les techniques de production se rationalisent, la conscription et le service militaire emmènent les hommes loin de leurs terres. A partir de 1835, la révolution industrielle annonce l'exode des populations vers la ville et le travail dans les ateliers et les usines. Elle entraîne également la fin du « monopole » de la dentelle pour la noblesse et le clergé.

Alors, les mœurs changent doucement, la vie est plus facile, l'enrichissement devient possible et les habitudes, y compris vestimentaires, se modifient. C'est dans ce contexte que se situe notre étude sur le costume.

A l'aube du XIXe siècle, la femme s'habille de plusieurs jupes ou jupons les uns au-dessus des autres, d'un haut, type brassière ou camisole par-dessus la chemise, d'un mouchoir de cou et d'un tablier. Elle porte sur la tête des bonnets piqués ou de petites coiffes du genre cornette. Ce costume est le même partout en Normandie et ailleurs dans d'autres provinces. C'est un type générique adopté par toutes, riches ou pauvres ; seule varie la qualité des tissus : serge, drap, lainage, siamoise, toile, étamine, coutil, droguet, ou, pour les plus aisées, indiennes, mousseline, soie et dentelles. Les couleurs dominantes sont le rouge et le noir, et aussi le blanc, le vert, le gris ; le bleu est moins apprécié. Les tissus s'achètent chez le mercier pour les plus précieux ou ils sont tissés localement pour les plus grossiers. Dès la fin du XVIIIe siècle, le nombre de tissus rayés paraît plus important dans le Calvados que dans l'Orne.

Les coiffes, de type cornette, sont faites en toile grossière ou fine, selon les moyens de chacune.

C'est progressivement, et surtout à partir de 1825, que ces éléments vont se diversifier et se transformer en costumes identifiables

Laitières de Coutances, dessin de Bellangé, in *La Normandie* de Jules Janin, 1844.

A droite : **Fermière de Basse-Normandie, dessin de Bellangé, in *La Normandie* de Jules Janin, 1844.**

par région et/ou par terroir. Les coiffes, en particulier, modifieront les silhouettes des Normandes.

Pourtant, déjà avant la Révolution, des coiffes montées sont répertoriées dans les inventaires de bourgeoises du sud de la Manche : des bonnets à comètes, qui se caractérisent par l'usage de fils de laiton pour les monter, ou des baigneuses, avec des barbes de dentelles. Ces coiffes, réservées aux riches bourgeoises, sont généralement montées sur des bonnets piqués. Dans le Bessin, ce sont des bonnets ronds, puis les premières coiffes avec des barbes repliées. Dans le Bocage virois, l'habitude de remonter les pans de la cornette ouvre la voie aux bavolets. Les bonnets ronds s'imposent partout et ils évoluent plus ou moins lentement, s'effacent devant d'autres types de coiffes ou demeurent le type dominant. En Haute-Normandie, ils sont parfois portés sur une sous-coiffe dite « béguin ».

Le Pays de Caux fait exception. Dès la fin du XVIIIe siècle, les femmes se coiffent d'une toque, sorte de bonnet rigide recouvert de soie, parfois brochée ou brodée de paillettes. Les jours de cérémonie, elles garnissent ce bonnet de soie avec de longues barbes de mousseline.

Au début du XIXe siècle, la composition du costume est partout identique : une jupe et un corsage, qui s'appelle différemment selon les endroits, un tablier (souvent, vers 1820, avec une grande bavette qui protège la poitrine) et toujours un fichu de cou. En Basse-Normandie, le droguet est certainement le tissu le plus courant, aussi bien pour les jupes, les corsages que pour les tabliers. Il peut être uni ou rayé dans la Manche, plutôt rayé en Calvados. Au moins jusqu'en 1830, le rouge est une couleur dominante, soit en rayures, associé avec d'autres couleurs, du blanc par exemple pour les tissus réputés les plus anciens, soit en teinte unie assortie alors avec une pièce de vêtement plus sombre (robe rouge et tablier bleu foncé par exemple).

On trouve d'autres tissus comme l'étamine, l'indienne ou le molleton.

Les femmes portent également par-dessus leur habit un mantelet ou une pelisse en

Jeunes Cauchoises.

A gauche :
Femmes de Bayeux et de Caen, gravure de Lalaisse, lithogravure de Charpentier, in *La Normandie illustrée*.

droguet ou en indienne. La mode des grands châles, surtout en cachemire, utilisés comme capes apparaît vers 1830-1840.

Le métier Jacquard, mis au point en 1807, va mettre à disposition des étoffes de coton et même de soie, moins chères et sans doute en plus grande quantité. Peu à peu, ces tissus vont remplacer le droguet pour les corsages ou les tabliers. Vers 1830, les étoffes rayées sont encore très en vogue – le rouge et le bleu dominent –, mais les cotonnades imprimées se répandent de plus en plus. Les productions augmenteront encore avec l'utilisation de la vapeur comme source d'énergie, depuis la mise au point de la première machine à vapeur vers 1835. La révolution industrielle s'amorce.

Dans la Manche, jusqu'à la fin du XIXe siècle, le droguet demeure le tissu le plus usité pour l'hiver ; l'indienne, plus légère, est préférée pour l'été. Le droguet est souvent uni, de couleur violette, brune ou verte ; quand il est rayé, les couleurs sont plus sombres : noir et bleu, noir et violet.

Dans l'Eure, l'appellation « paire d'habits » ou « déshabillé » désigne la jupe et le corsage. Ils sont portés avec plusieurs jupes de dessous et un tablier devant.

Les progrès techniques favorisent, entre autre, le développement de la bonneterie, qui livre alors bas et bonnets en certaine quantité.

Les costumes évoluent lentement ; la robe (jupe et corsage en une seule pièce) fait ses débuts, d'abord en ville, vers 1825. La chemise fine est souvent la seule lingerie, mais des jupons fins apparaissent.

Quant aux coiffes, elles grandissent et se diversifient peu à peu. Il est à noter une sorte de constante : lorsqu'une femme adopte un type de coiffure dans sa jeunesse, il est fréquent qu'elle la conserve jusqu'à un âge très avancé. Ainsi, vers 1820 à Cherbourg, seules les femmes âgées portent encore un bavolet ; les jeunes préfèrent le bonnet rond, qui semble s'imposer partout en Normandie très tôt dans le siècle, à la fin du Premier Empire. Bien sûr, sa forme et sa taille vont varier selon les lieux et les époques, mais c'est une coiffe que l'on

Noce normande, début du XXe siècle.

pourra voir un peu partout au moins jusque vers les années 1850, voire jusqu'en 1870.

Dans le Pays de Caux, le bonnet cauchois reste en usage jusque vers 1825-1830, ainsi que les cornettes et les béguins sans doute utilisés en sous-coiffes. Les formes de ces bonnets sont variées, et, ultérieurement à leur usage, ils ont été baptisés de noms évocateurs afin de les différencier. Ils peuvent être lamés, brodés d'or ou d'argent (ou de clinquant) et sont ornés de longues barbes de dentelles ou de mousseline.

Ailleurs, les coiffes sont encore des bonnets ronds. Les fonds sont brodés, les ailes doubles garnies de dentelle en mousseline ou dans une étoffe très fine. Dans la région rouennaise, l'élévation du fût de la cornette autorise la mise en place de barbes beaucoup plus larges. Elles sont alors repliées sur le devant du bonnet en un double pli, un peu comme pour le bavolet.

Sur les bords de mer, les coiffes sont plus petites, car mieux adaptées au vent et au climat. Ce sont toujours des adaptations de bonnets ronds, plus petits, moins travaillés, dont les volants viennent couvrir les joues. Ces coiffes sont parfois appelées « calipette ».

Le bonnet piqué existe encore, mais il semble moins fréquent dans le nord de la Manche que dans le sud et dans l'Orne.

Les bavolettes sont de grandes coiffes de cérémonies. A l'ouest d'une ligne Caen-Falaise et au nord d'une ligne Falaise-Vire-Saint-Lô, les fonds de ces coiffes épousent des formes différentes : les ailes s'étalent, les barbes s'allongent. De façon générale, les coiffes de cérémonies deviennent très grandes entre 1830 et 1850. Les fonds s'élargissent, les pans deviennent barbes et se replient de diverses façons caractérisant ainsi les coiffures selon les terroirs. Elles sont alors de type grands bavolets ou chanoinesses dans le Cotentin, bourgognes dans le Saint-Lois, le Bessin et la plaine de Caen. Les bonnets ronds prennent aussi de l'ampleur dans la Manche : les ailes fortement amidonnées se portent presque horizontalement pour devenir volante ou papillon. Chaque canton adopte un type de coiffe dont la forme et la grandeur varient.

Dans le Bocage, le Bessin, la plaine de Caen, les bonnets ronds coexistent avec les grandes coiffes de type bourgogne, sur lesquelles l'habitude de remonter les barbes sur le devant et de les épingler sur le fond domine, d'où le nom généralement donné de « coiffes à rencontre ».

Dans l'Orne, dans le Lieuvin, dans le Pays d'Auge, dans l'Eure et en Seine-Inférieure, aujourd'hui Seine-Maritime, la mode des bonnets ronds va continuer tout au long de cette première moitié du siècle. Ils sont de même type, mais cependant ils évoluent de façon sensiblement différente d'un terroir à l'autre. Ils nécessitent une armature ici, un simple amidonnage là, les ailes se parent de petits plis ou de grands plis, les passes sont plus ou moins richement ornées de dentelles ou de broderies. En Haute-Normandie, ils sont appelés « pierrots ».

Au bord de mer, cependant, la mode des petites coiffes demeure, plus faciles à protéger du vent et à couvrir du capot.

A partir de 1850, les coiffes vont se simplifier : elles sont moins hautes, toujours de type bonnet rond, plus modestes.

Le déclin de ces grandes coiffes survient assez tôt ; vers 1850, elles se font plus rares. Le bonnet rond en Haute-Normandie a peut-être vécu un peu plus longtemps.

Au fil du siècle, et surtout après la guerre de 1870, les couleurs des costumes deviennent de plus en plus sombres, pour aller jusqu'au noir vers 1880. Même les bijoux sont mis au noir ; après les ors et argents du milieu du siècle, les colliers se font en jais, ainsi que les garnitures de corsages ou de robes, ces falbalas que Flaubert a décrits. Les grandes coiffes sont abandonnées au profit de bonnettes. Elles sont portées au moins jusqu'à la guerre de 1914-1918. Elles constituent encore un élément distinctif de certains terroirs.

En Basse-Normandie, les bonnets du Cotentin présentent une sorte de visière tuyautée ; ils sont noués avec une large gorgère. Les bonnettes du Bessin sont ornées d'un ruché, tout à fait particulier, monté sur le devant.

Ces bonnettes peuvent recevoir différentes garnitures selon les circonstances de la vie : elles sont apprêtées pour la mariée avec des fleurs d'oranger et des rubans clairs, que l'on teint en noir ou en violet pour marquer le deuil ou le demi-deuil. Ces bonnettes, abandonnées après la Première Guerre mondiale, ont continué à être portées par les femmes plus âgées au moins jusqu'à la Seconde Guerre mondiale, comme en témoignent beaucoup de photographies de mariage de ces années-là.

Enfin, et pour dire un mot des sous-vêtements féminins, ils sont tout au long du siècle et dans toutes les couches sociales limités à des brassières pour le torse et la poitrine, des bas et des jupons pour le reste. L'usage de la culotte, même celle dite « ouverte » ou « à pont », est très tardif. Il faut probablement attendre la fin du XIXe siècle et les progrès de l'hygiène pour que les femmes commencent à l'adopter.

L'après-guerre marque la fin d'une époque dans les mentalités, dans les mœurs ; les femmes ont dû pallier l'absence des hommes, aux champs ou à l'atelier ; ceux-ci sont revenus meurtris du front. La société traditionnelle tend à disparaître, disparition que la Seconde Guerre mondiale va renforcer.

Au début du XIXe siècle, les femmes du Maine et de Normandie sont généralement vêtues de la même façon ou presque : au travail, elles portent une coiffe simple ou un bonnet, une chemise de toile, un corselet de coutil, une jupe de droguet ou de cotonnade, des bas de couleur ou blancs, des sabots et enfin un vêtement de protection suivant la saison.

ECAMP
SEINE INF

Lors des dimanches, des fêtes carillonnées et des grandes occasions, elles mettent ce qu'elles possèdent de plus beau. En Normandie, comme partout, le beau varie selon la condition sociale, l'aisance financière de la femme.

Quelles que soient les circonstances, la femme porte une tenue toujours composée de vêtements de dessus : robe ou jupe avec haut. Les formes de jupes varient peu : partie plate, plus ou moins large entourée de plis couchés pour le devant, petits plis debout multiples et très serrés pour le dos. Selon le tissu dans lequel est confectionnée la jupe, le poids de ces plis est tel que le houpelinot, ou faux-cul ou encore polisson, devient indispensable pour soulager les reins et donner un tombant régulier à la jupe.

Très répandu, le châle est tissé, en indienne, en cretonne, en soie ou en toile ; il est de taille variable. Il peut être imprimé ou broché de fleurs, il est souvent très coloré.

Afin de permettre la liberté des mouvements, le châle se pose en formant des plis sur les épaules. Il est maintenu par des épingles.

La Normande noue généralement un tablier, avec ou sans bavette, dit « devantier » ou « devanteau ». Il peut être de matières et de coloris différents selon l'usage et les circonstances. Par coquetterie, il enjolive la tenue des jours de fête.

Les femmes portent manteaux, mantelets, mantes ou capots pour se protéger de la pluie et du froid. Ils sont parfois agrémentés d'un collet ou d'une capuche. Il en existe de diverses longueurs.

Les vêtements de dessous – chemises, jupons – sont des éléments que l'on retrouve invariablement chez toute Normande, comme, sans doute, chez les femmes des autres régions. L'usage de la culotte percée ou fendue se généralise bien plus tard.

Au cours de notre tour des terroirs, nous découvrirons l'immense richesse constituée par une multitude de particularités qui composent les costumes de notre région : costumes du dimanche, costumes inspirés de la mode parisienne dans les pays où les moyens de transport ont rapidement facilité les communications et le commerce, costumes de travail adaptés à chaque activité. Enfin, toutes ces coiffes, à la fois semblables et différentes dans chaque village, dans chaque paroisse. Chaque femme en possède plusieurs, de la plus sobre à la plus travaillée, pour chaque circonstance de la vie.

Dans le Pays de Caux, les costumes sont de lin, de soie, de chanvre, de coton ou de laine. En effet, le lin et la laine sont produits

Ci-dessus, à gauche :
Costume de travail d'une femme du Maine.

Ci-dessus, à droite :
Tenue de bourgeoise du Maine.

Page de gauche :
Paysannes Cauchoises.

Combien alors, quand venait le dimanche,
Qu'on attendait par six jours entiers
On était fière en fine coiffe blanche
Robe en coton et soyeux tablier.

Sur les métiers la rapide navette glissait,
Tandis que tournaient les fuseaux.

Rose Harel

Marchande de poisson de Dieppe, gravure de Lanté, lithographie de Gatine.

A droite : **Ecaillère du Havre, gravure de Lanté, lithographie de Gatine.**

sur place, le coton est beaucoup travaillé en Normandie. La soie n'est guère utilisée que par les gens aisés, qui s'habillent déjà « à la mode de Paris ». Hormis pour les châles, elle est peu employée dans la confection des costumes populaires.

Notre périple nous amène vers le bord de mer, où les costumes sont très variés.

Le costume de l'écaillère du Havre n'est pas le même que celui des femmes de pêcheurs. La chemise de toile bleue ou blanche est garnie au tour de gorge d'une double rangée de broderie madère, portée très haut et tuyautée. Cette broderie est très solide, autorisant le blanchissage répété pendant de nombreuses années. Les manches amovibles de couleurs différentes sont resserrées aux poignets ou remontées sur les coudes suivant les saisons, ce qui permet aux femmes de changer de manches plus facilement. La jupe épaisse est en lainage rustique, de couleur rouge ou bleue, le plus souvent rayée. La couleur différencie les femmes du port selon qu'elles soient catholiques (en rouge) ou protestantes (en bleu). Elles renouvellent cette opposition des couleurs dans le premier jupon de dessous, ainsi que pour les manches. Le jupon de dessus est de grosse toile, le deuxième est en laine, confectionné en mailles serrées pour éviter au froid de pénétrer. L'indispensable tablier de toile, de grosse étoffe, enserre la taille et recouvre largement la jupe pour la protéger des salissures. Il descend jusqu'à cinq centimètres du bas de celle-ci. Une poche profonde est cousue à même le tablier. Les bas, de couleur rouge, bleu ou de couleur foncée, sont tricotés en laine. Les pieds sont chaussés de socques de bois articulées, dans lesquelles prend place un chausson de feutre ou de grosse laine crochetée, bordé d'un liseré rouge. La bordure de ces chaussons est une sorte de luxe. Pour se protéger des intempéries, un grand schall en laine avec des franges de couleur rouge est réalisé au crochet. Il recouvre largement les épaules, se croise sur la poitrine comme un cache-cœur et se noue dans le dos en faisant descendre des longs pans destinés à réchauffer les reins. Les accessoires indispensables à l'écaillère sont le couteau et le panier qu'elle tient sous le bras.

L'écaillère ne porte, comme bijoux, que des anneaux aux oreilles, à l'identique de ceux des marins-pêcheurs. L'anneau aux oreilles est supposé améliorer la vision surtout la nuit. Depuis, on s'est aperçu que cela correspond à un point bien précis d'acupuncture.

La marchande de poissons de Dieppe est vêtue d'une chemise de toile blanche aux manches trois-quarts, dont l'encolure est serrée par une coulisse. Son corselet, dépourvu de basques, souvent bleu foncé, couvre le corps jusqu'à la taille. Il est boutonné sur le côté gauche avec de gros boutons en corozo.

Les jupes sont de formes classiques, assez courtes, au-dessous du genou ; elles sont confectionnées dans un lainage qui peut être rouge à rayures noires, blanches, vertes, ou bleues, ou bien uni marron ou rouge. Ces jupes sont souvent relevées par une épingle à linge en bois, afin de donner de l'aisance. Un châle, dit parfois « tour de cou », est posé sur ses épaules. Sur le devant, les pointes sont rentrées dans l'encolure du corselet. Deux grandes poches en grosse toile écrue, montées sur une ceinture nouée à l'arrière, pendent sur la jupe.

La harengère dieppoise porte, elle aussi, d'épais bas de couleur foncée.

La chemise du costume d'Yport et de la pêcheuse à pied est semblable à celle de la marchande de Dieppe et de Saint-Valéry-en-Caux. L'encolure est soulignée par un petit volant, et les manches sont longues mais retroussées. Le corselet est sombre, à manches courtes (juste au-dessus du coude) ou, le plus souvent, sans manche. Il est fermé par un lacet sur le devant. La jupe, de forme traditionnelle, confectionnée dans un épais coton noir, est assez courte au-dessous du genou.

A Saint-Valéry-en-Caux, la jupe, identique à celle décrite précédemment, est attenante au corselet. La chemise est très ressemblante à celle de la marchande de poissons de Dieppe. Le tablier est souvent de couleur marron ou bordeaux.

Costume du Pollet, reconstitution.

Ci-contre :
Costume de Saint-Valéry-en-Caux, gravure de Lanté, lithographie de Gatine.

Pecheux del.t Gatine Sculp.t

Costumes des Andelys, Eure.

Page de gauche : **La bouquetière de Rouen, gravure de Lanté, lithographie de Gatine.**

A présent, rendons-nous à Fécamp, où l'ensemble du costume est étonnant : il comporte une robe à trois couleurs en satinette de coton. Le haut de cette robe est fermé par dix-huit boutons de couleur vert clair. Les manches longues sont d'un ton vert amande. La jupe de couleur parme, froncée au dos, plate sur le devant, s'arrête à mi-mollets. Sur cette robe, au niveau de la taille, apparaît comme une ceinture avec une paire de poches aux tons de verts différents doublée d'un tissu jaune. Cette ceinture est toujours complétée par un pan à plis vert amande, en forme de demi-cercle, entre les deux poches.

On retrouve cette particularité, dans d'autres tons, avec le costume d'Yport, qu'il s'agisse de la pêcheuse à pied ou de la marchande de poissons de Dieppe.

Le mouchoir de cou ou le fichu, semblable sur toute cette partie du bord de mer, est posé sur les épaules, enveloppant le cou pour rentrer sur le devant du corselet. Tombant angulairement dans le dos, il se décline dans les tons de bleu, de rouge, de vert, genre madras, souligné d'une bordure de ruban noir ou florissante.

En bord de mer, la femme normande se protège du froid, du vent et de la pluie avec un capot. Celui-ci est tissé dans du drap de couleur sombre, doublé de flanelle, de molleton ou de coton imprimé de petits motifs en meilleure saison. Le capot est pourvu d'une large capuche.

Quittons les côtes et rejoignons la ville de Rouen.

Le costume de la bouquetière a été dessiné par Benoît Pêcheux, lors de sa venue dans la région en 1811. La robe est taillée dans un tissu uni, genre mousseline, et se distingue par ses manches à mitaines. Elle est agrémentée d'une collerette finement plissée et d'un mouchoir de cou croisé sur la poitrine. Le costume est complété par un « mantelet garni sur tous les bords et à capuchon. La garniture en chicorée n'en est pas moins remarquable sur les longues pointes ».

Dans la campagne rouennaise, au début du XIXe siècle, la paysanne qui « sort » porte une jupe en siamoise dont la taille est montée en plis debout.

Le corsage blanc est accompagné d'un corselet noir et d'un tablier de couleur unie. Les épaules sont recouvertes d'un fichu, le plus souvent fleuri ou en cachemire.

Dans l'Eure, les femmes portent le déshabillé : « habit complet dont corsage et jupe sont de même tissu, non porté en tenue d'intérieur, mais en costume habillé avec un tablier » (*Le Costume de Normandie du XVIIIe au XXe siècle*) ; réalisé dans des tissus légers, genre siamoise, indienne ou cotonnade, il constitue alors la tenue de l'été. L'hiver, le déshabillé est confectionné en drap de laine.

Déshabillé de l'Eure, reconstitution.

Costume de travail du Maine, reconstitution.

A droite :
Caraco réversible du Maine.

Page de droite :
Costume de Domfront, XIXe siècle, authentique.

Dans les inventaires notariés du premier quart du XIXe siècle, on trouve les mentions « habillements complets », « déshabillés complets de différentes étoffes » ou encore « habits complets en indienne et toiles de coton ».

Parce que l'indienne, tout coton, est moins chère que la siamoise, elle est très souvent utilisée. Cependant elle est moins confortable et surtout moins résistante à l'usage, ce qui explique peut-être que l'on ne retrouve aujourd'hui que très peu de pièces en indienne.

Le corsage, élément du déshabillé d'été en coton, est entièrement doublé pour une meilleure tenue. Il est ajusté au corps par sa forme cintrée et fermé sur le devant par une bande de crochets en bord à bord. Son encolure dégagée, agrémentée d'un col en dentelle exécutée aux fuseaux, laisse apparaître les fines dentelles des chemises et plastrons portés dessous.

Ses manches sont resserrées en haut par sept rangées de fronces qui lui donnent un effet bouffant. Les poignets plats sont fermés par des agrafes.

La jupe est très ample, de forme traditionnelle. Le devant est formé d'un large pli plat, central, et de quatre plis couchés de chaque côté. Le tout est monté sur une ceinture.

Le tablier, de soie ou de coton aux couleurs diverses, est plissé à l'identique de la jupe. Les trois plis horizontaux orientés vers le haut sont une particularité de la bavette doublée, maintenue au corsage à l'aide d'épingles-bijoux ou de broches.

Le climat nécessite parfois l'ajout d'un vêtement chaud sur le déshabillé. C'est pourquoi le mantelet d'indienne, doublé de drap de laine molletonné, fait son apparition dès la fin du XVIIIe siècle, en remplacement du capot noir qui était le plus couramment porté auparavant.

Le mantelet est une grande cape d'une longueur d'environ deux mètres et d'une hauteur d'environ quarante centimètres. Il a une grande capuche doublée, resserrée à l'arrière par vingt petits plis couchés qui marquent l'arrondi. Un grand volant plissé borde l'ensemble. Le mantelet s'attache à l'aide d'une agrafe en argent ou en laiton.

Ailleurs, dans ce qu'on appelle aujourd'hui la « Haute-Normandie », on retrouve aussi ce type de costume, non pas en ensemble, mais en robe, présentant les mêmes caractéristiques, notamment la coupe du dos et les fronces des manches.

Les femmes et les jeunes filles portent, avec ce costume, le pierrot, dit aussi « bonnet rond » : type de coiffe que l'on retrouve également dans le reste de la Normandie. Ce costume est un habit « du dimanche ».

Entre 1790 et 1820, à deux pas des frontières de la Normandie, les jeunes paysannes du haut Maine arborent, le dimanche, leurs plus beaux vêtements. La coiffe est une cornette à barbe pendante ou relevée, de toile fine, ou bien un bonnet à fond carré, à passe simple, bordée d'une petite dentelle au crochet. La chemise est en chanvre ; une coulisse resserre l'encolure. Les manches peuvent être longues ou courtes. Le corselet, ou corps, est fermé devant par un lacet unique. Il est réversible, les deux faces sont de tissus et de couleurs différents et sont rassemblées par un galon qui borde l'ensemble de celui-là. Sa coupe est complexe, chacune des faces ne compte pas moins de dix pièces assemblées les unes aux autres. Là encore, un mouchoir de cou fleuri complète cette toilette.

Au quotidien, la paysanne revêt une robe d'un seul morceau de toile unie ou rayée, dépourvue de manches. Le devant est ouvert et se ferme par un laçage. Le bas de cette robe est large. Des fronces à tuyaux d'orgue donnent ampleur et volume à l'arrière. Un grand tablier de toile, avec ou sans bavette, s'impose ; sa ceinture enserre la taille en se nouant sur le devant. Les poches, séparées du reste, sont retenues par un galon noué à la taille du tablier.

Revenons en Normandie par l'Orne.

Comme l'a écrit René Vézard, un Domfrontais passionné par le folklore, « le costume a symbolisé l'Âme de notre petit pays prédestiné, la coëffe l'a poétisé. Elle lui a donné une couleur régionale, locale, une note de suprême élégance en harmonie avec les poiriers et les pommiers. [...] On a tout dit sur la variété, la beauté, souvent la richesse et toujours l'adaptation au climat, au genre de vie, au type ethnique, des costumes de nos provinces françaises. Je voudrais que l'on attachât à leur célébration une haute signification morale, que ceux qui se sont voués à les remettre en honneur y voient le symbole d'une foi et comme un drapeau. Les souvenirs du passé, les traditions de famille, l'attachement au métier et au sol, tout cela peut tenir, et tient en effet, dans les plis d'une jupe ou d'une blouse ou dans l'envol délicat du majestueux édifice d'une coiffe ».

La robe de la bourgeoise du Domfrontais, vers 1820, est composée d'un corsage et d'une jupe en droguet pour l'hiver, en cotonnade ou en siamoise à la saison chaude. Les manches sont trois-quarts l'été. L'hiver, elles sont longues, froncées près des épaules, resserrées aux poignets, tenues fermées par des melles avec des boutons de nacre. En général, la robe est peu décolletée. De fines dentelles aux fuseaux ornent le bas des manches et l'encolure. Celle-ci est parfois enjolivée

La causette, dessin de R. Salès.

d'une collerette en mousseline, ou d'un châle de tulle brodés au point de Beauvais et garnis de dentelle. Parfois, le fichu est en indienne imprimée ou en crêpe de soie, brodé et frangé. Posé, plissé sur les épaules, les plis sont retenus à l'arrière par un bijou, broche ou épingle.

Le corsage est doublé d'un corselet de toile blanche, très rigide grâce à de longues baleines. Il est fermé par un laçage. Ce corset est réuni par sa base au corsage et à la jupe. Quant à la jupe, elle arrive sous le mollet. Serrée à la taille, elle est plissée de façon traditionnelle. Lors des grossesses, les plis à l'arrière sont défaits. Des plis horizontaux, dits « religieuses », agrémentent le bas de la robe. Le tablier est de taffetas moiré, de soie chatoyante ou de satin. Il est de couleur gorge-de-pigeon, vieux rouge, violet prune, bleu lavande, marron noisette, vert sapin, gris ardoise, jaune bouton-d'or, bleu nuit… Froncé à la ceinture ou à plis plats, il est souvent enjolivé par un large ruban de velours noir posé à cinq ou six centimètres du bas. Il possède parfois une poche. La bavette est plus ou moins large, attachée au corsage par deux épingles à tête de nacre ; elle est également garnie d'un ruban de velours noir.

Robe en cotonnade, XIXe siècle. Musée de Normandie, Caen.

Quant à la paysanne, elle porte un corselet en fine cotonnade, en coutil ou en droguet suivant les saisons, qui se ferme sur le devant par un lacet passant par des trous festonnés. Généralement noir, le corselet peut être de couleur unie, assortie à la jupe rayée. Un galon garnit parfois les coutures. Selon les moyens, les goûts et les saisons, la jupe est taillée dans un droguet ou dans une cotonnade, à rayures souvent rouge coquelicot, bleu céleste, jaune-d'or, soulignée de noir. Le principe de confection est le même que celui de ce vêtement chez la bourgeoise. Parfois le devant de la jupe est d'un coloris différent, plus foncé, ce qui correspond à un morceau de tissu rapporté, sans doute, afin d'économiser le droguet, précaution bien normande. Le fichu ou le petit châle en indienne recouvre la poitrine et tombe en pointe au milieu du dos. Le tablier est de coton de diverses couleurs unies ou à rayures très fines bleues ou blanches.

Pendant que les hommes portent la limousine, les femmes de la paysannerie se protègent de la pluie et du froid par un mantelet ou capot, court ou long. Dans le Domfrontais, il est confectionné dans du drap souvent noir doublé de flanelle ou de satin blanc. Ce mantelet, ou capot, est orné sur tout le pourtour d'un volant plissé développant une large capuche.

Ce périple dans l'Orne se poursuit vers le pays d'Alençon.

La robe en satin se compose d'un corsage et d'une jupe. Le corsage est à manches longues gigot, très froncées au niveau des épaules et étroites au niveau des avant-bras. Les poignets et l'encolure ronde sont ornés de fines dentelles. La jupe longue, de même teinte que le corsage, arrive au niveau des chevilles. Elle est froncée et plissée, comme partout, montée sur une ceinture fermée par des cordonnets. Le tablier, ou devantier, de couleur unie, est réalisé dans de la soie ou du

Costume d'Alençon. Reconstitution.

satin. Il est entièrement froncé à la taille et se complète d'une bavette qui protège le haut du corps. Le châle est en cachemire pure laine sans frange, aux couleurs chatoyantes, il couvre largement les épaules. Les deux extrémités se croisent sur la poitrine, sous la bavette du tablier. La femme porte une coiffe de type bonnet rond.

Dans la plaine de Caen, vers 1820-1850, la robe est également en droguet rayé où les rouges et les bleus dominent. A la fin du XVIIIe siècle, les rayures blanches sont fréquentes, il semble qu'elles disparaissent au cours du XIXe siècle.

La femme est vêtue d'une chemise de drap ou de chanvre, d'une sorte de corselet appelé « camisole », en cotonnade ou en indienne. Le tablier, dit « devanté », en toile de coton, peut être de couleur unie ou à carreaux ; il est souvent complété par une large bavette qui couvre le haut du « corps ». Sur les épaules, la femme porte un fichu imprimé, parfois appelé « mouchoir de cou ».

« Dans le Bocage, la robe était ordinairement de drap écarlate. [...] Parfois la femme avait une cotte de droguet de couleur foncée à larges rayures jaunes, rouges, noires, bleu céleste, du plus charmant effet. D'une étoffe solide et qui gardait son éclat jusqu'au dernier jour, cette cotte se transmettait d'une génération à l'autre, de l'aïeule à la petite fille.

Pour le "devanteau", on employait de préférence l'indienne de couleur claire, quelquefois le taffetas moiré ou gorge-de-pigeon. Une pièce carrée, attachée à quatre épingles, couvrait la poitrine et servait de "baverette" ou de plastron. La croix d'or, le gros cœur d'argent ou un saint-esprit en diamants d'Alençon, sertis d'or ou d'argent, et suspendus au cou par un ruban de velours noir, étin-

Costume de la plaine de Caen, jupe en droguet, début du XIXe siècle. Caraco et coiffe reconstitués.

A droite :
Femme en costume de Granville, XIXe siècle, petit bavolet et capot.

Page de droite :
Costume de Granville, gravure de Lanté, lithographie de Gatine.

celaient sur le rouge de la baverette. Le plastron prenait même parfois une forme élégante, il dessinait bien la taille et était agrémenté de franges et de passementeries.

Le mouchoir de cou, en indienne fond blanc, semé de pois ou de fleurs, quelquefois soutaché, brodé au plumetil. Grigé (plissé) avec soin sur la nuque qu'il découvrait et où s'étalait un opulent chignon enlientté avec soin, sa pointe flottait sur une ceinture de couleur claire, ou s'y attachait par une épingle, tandis que par-devant, la baverette le recouvrait. » Jules Lecœur, *Esquisses du Bocage normand*, tome I, pages 142-143, première édition, 1883 (réédition Gérard de Monfort, 1975).

Le costume des femmes de Granville se compose d'un corsage, ou blanchet, d'une jupe et d'un tablier. Le blanchet est taillé dans de l'indienne, de la soie, de l'escot (serge de laine à tissu croisé) ou de l'alépine (tissu de soie et de laine). Il a une forme très particulière, le dos se terminant en « queue de morue ». La jupe est confectionnée dans du drap, de l'indienne, de l'alépine ou de l'espagnolette. Le droguet est rarement utilisé. La jupe est en partie recouverte du tablier.

« Le plus remarquable et le plus célèbre élément de la tenue granvillaise c'est le "capot" dont la coupe et la matière sont particuliers à la localité. Il est taillé dans un tissu de soie et de poil de chèvre. [...]

La coupe du capot granvillais est très particulière en ce qui concerne la tête. Celle-ci n'a pas l'ampleur froncée rencontrée ordinairement pour ce genre de vêtement. Elle se présente, dit R. du Coudrey, "avec une sorte de visière d'étoffe rigide qui permettait d'en rabattre la partie supérieure de façon à s'abriter la tête contre le vent, la pluie... ou le soleil". Ce vêtement noir est doublé de blanc, en calicot ou soie. [...]

Le musée de Granville conserve plusieurs de ces capots. Il est à remarquer qu'aucun n'est muni d'agrafe et n'en porte trace. Il était fait pour être drapé. » Marguerite Bruneau, *Histoire du costume populaire en Normandie*, tome II, pages 66-67, édité par C.A.E.N., 1986.

N°. 102.

Lanté del.t Gatine sculp.t

Lanté del.
Gatine sculp.

A Coutances, vers 1820, la femme se vêt, parfois, d'une robe de forme Empire, avec la taille haute ceinturée et une encolure carrée bordée de dentelle. Elle peut être de soie claire (selon les gravures Lanté et Gatine) ou en moire lilas (sur d'autres illustrations).

Les manches sont longues, légèrement bouffantes près de l'épaule et ajustées jusqu'à la main ; trois plis placés à l'intérieur du coude donnent de l'aisance.

Un châle de soie est drapé sur les épaules et croise sur la poitrine.

D'après la gravure, la Coutançaise porte un long tablier vraisemblablement de soie, des bas blancs et des escarpins de cuir noir. Elle se couvre la tête d'une coiffe appelée « petit bavolet ».

Vers 1850-1860, plusieurs costumes sont portés par les femmes de la région de Coutances, suivant les circonstances ou/et leur condition sociale : robe de soie ou de droguet uni, caraco (parfois de soie) et jupe de droguet.

Les droguets sont le plus souvent unis : vert, marron, violet, puce… mais aussi parfois rayés.

Le poids de cette jupe, là encore de forme traditionnelle, est important ; pour soutenir les plis du dos, les femmes portent, elles aussi, un polisson, ou faux-cul, maintenu à la taille par deux néfiles.

On distingue deux formes de caracos. Les caracos d'étoffe (soie, rayonne…) sont cintrés à la taille et forment une basque qui s'appuie à l'arrière sur le plissé de la jupe. Les manches sont le plus souvent trois-quarts et se terminent par un volant. Les caracos de droguet n'ont pas de basque. Ils se fixent à la ceinture de la jupe par des agrafes. Les manches sont longues, avec des poignets ajustés. Certains sont baleinés de bois.

Un col de broderie blanche monté plissé, ou de mousseline bordée de dentelle, apporte une note claire sur ce costume assez sombre. Des manchettes, garnies elles aussi de dentelles, viennent égayer l'ensemble.

Costume de travail en Cotentin.

Page de gauche :
Costume de Coutances, gravure de Lanté, lithographie de Gatine.

Sur les épaules, un châle de soie ou de velours ajoute une note de couleur. Il existe une très grande diversité de châles.

Un tablier, à plis plats entourés de plis couchés et à petite bavette, complète le costume.

La paysanne du Cotentin porte un corselet, ou camisole, épousant poitrine et taille, parfois prolongé d'une très courte basque. Il est taillé dans un tissu de droguet, de toile de lin et coton, de coutil ou d'indienne et se ferme par un laçage. La jupe, ou cotillon, est souvent confectionnée dans un droguet inusable. Pour affronter le froid ou la pluie, la paysanne met deux jupes l'une sur l'autre. La couleur dominante est bleue sur fond écru. Le tissage forme des rayures et des motifs répétitifs. Ce cotillon est alors taillé dans deux ou trois lés de tissu de quatre-vingts centimètres à un mètre, ce qui correspond à la largeur du métier à tisser. Il est monté à plat devant, avec plusieurs plis plats couchés vers l'arrière couvrant les hanches. L'ouverture est prévue sur le côté, dans la profondeur d'un pli, entre deux lés cousus. Ce cotillon ne peut être réalisé qu'à la main, à cause des plis montés à grégis, c'est-à-dire des plis profonds plaqués les uns contre les autres, pour le reste du tour de taille. Cependant, il existe des variantes, probablement au début du XXe siècle, où les panneaux du cotillon sont plus évasés, plus larges et dont les plis plats

Valognaise en costume du dimanche.

sont dirigés de chaque côté vers l'ouverture placée au milieu arrière, en la dissimulant. Ce cotillon, quelquefois agrémenté d'un biais volanté d'une hauteur de vingt centimètres, se porte retroussé, laissant voir la cheville. La paysanne complète sa tenue journalière par l'indispensable tablier, ou « d'vanté », taillé dans une toile de lin ou de coton dite « de façon » dans le Cotentin. Il peut être de diverses couleurs, souvent assorti à la jupe, tissé en rayures, à carreaux ou uni. Avec ou sans poches, il est garni quelquefois à la mi-hauteur de l'arrière d'un néfile permettant de relever le cotillon ou la jupe, pour ne pas risquer de le « vatrer », c'est-à-dire de le salir. Froncé à la taille, il est parfois muni d'un plastron, ou baverette, couvrant le haut du corps. La tenue ne serait pas complète sans le mouchoir de cou. Porté sur les épaules en formant plusieurs plis à l'arrière retenus par une épingle, il tombe en pointe dans le dos. Il est croisé sur la poitrine et enveloppe le cou. A l'origine, au XVIIIe siècle, c'est un élément d'hygiène pour la paysanne du fait qu'elle participe aux gros travaux de la ferme. Par la suite, au XIXe siècle, il devient coquetterie et se nomme « fichu ». Il existe en cretonne, en indienne ou en mousseline, tissé à carreaux ou imprimé en décor floral.

La femme de position aisée, entre 1850 et 1880 dans le Cotentin porte une jupe appelée « cotillon », en droguet (tissu solide, fait de fil de lin et de laine). Les couleurs sont variées, sur trame claire ou foncée, à rayures de deux ou plusieurs coloris : vert, bleu, rouge, mauve...

Les jupes de droguet uni sont plus sombres, vert foncé, bleu, grenat, prune, il existe aussi des violet évêque, lie-de-vin, moutarde, caca d'oie, qui contrastent avec des noirs de jais. Certaines jupes sont faites de pièces tissées de telle façon que le haut soit bleu nuit ou noir et que la base soit constituée de rayures horizontales de différentes largeurs, mais de teintes semblables pour chaque pièce. Le corsage, ou canezou, est du même tissu. Il vient se poser à la taille sur le cotillon. Il est

1

1. Châle en soie.

2. Détail des plis aux manches d'un caraco.

3. Détail des plis à grégis de la jupe.

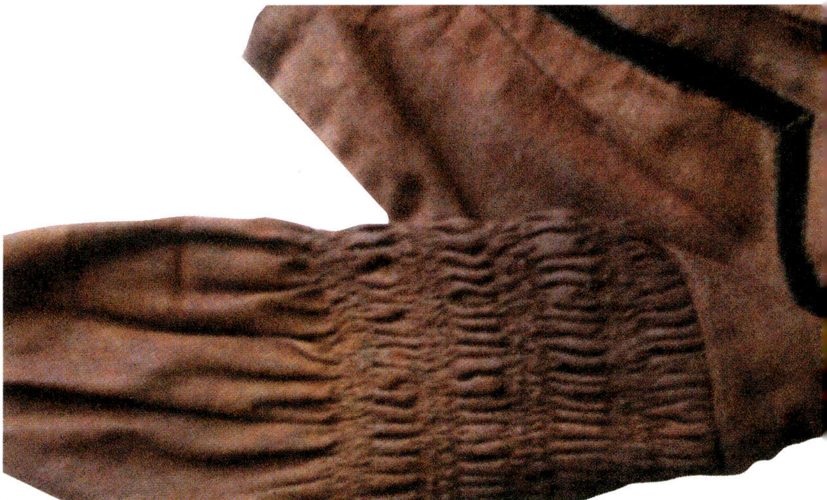

2

très ajusté, plus ou moins décolleté. Ses manches ont des formes variées où interviennent le travail et la fantaisie de la créatrice. Il est agrémenté de rubans de velours noirs. Il a un col de dentelle, faite aux fuseaux ou au crochet, ou bien encore une guimpe appelée « modestie » (parce qu'elle recouvre le décolleté). De plus, elle est parfois ornée de broderies blanches, de dentelles, parfois tuyautées, que l'on retrouve souvent aux extrémités des manches. Outre le canezou, il existe aussi une jaquette à basque appelée « taille » qui se porte posée en avant sur le tablier. Ce tablier est de soie ou de taffetas, aux couleurs vives et changeantes (gorge-de-pigeon). Il est monté avec plusieurs rangs de fronces sur une néfile qui, pour retenir le tablier à la taille, en fait le tour et revient se nouer à l'avant. Il se porte plissé. Le châle est en soie brochée ou brodé à la main ; parfois il est uni, orné sur le bord de dentelles noires et de perles de jais. Très souvent, il est garni de franges en coordonné de soie ou de chenille de velours. Il s'attache sur le devant du canezou à l'aide de broches. On y fait sur l'arrière plusieurs plis fixés, pour dégager le cou, en forme de cœur, ce qui met en valeur le col de dentelle.

3

Caraco de tous les jours, fin du XIXe siècle.

Le costume à la fin du XIXe siècle et au début du XXe

Au fil du temps, aux quatre coins de la Normandie, dans le haut Maine, comme sans doute dans tous les autres pays de France, les costumes réservés aux dimanches et aux grandes occasions évoluent. Au fur et à mesure que les moyens de communication se développent, amenant de plus en plus, dans les villages reculés, les nouvelles modes de la ville, les femmes cherchent toujours à être parmi les plus élégantes.

Entre 1860 et 1880, dans le haut Maine, si les vieilles femmes portent encore la grande coiffe, les plus jeunes arborent la bise-moi-vite, magnifique petit bonnet dont le fond est orné de broderies fines de Nancy et la passe d'une dentelle Valenciennes plissée ou paillée. En hiver, le corsage est en mousseline de laine, en serge ou en satin de laine uni ou fleuri. L'été, il est en indienne ou en cotonnade.

Dans tous les cas, on se sert des pièces coupées pour la doublure comme patron pour tailler les morceaux de dessus. On surfile le tout, à la main, ensemble (dessus, dessous) puis les morceaux sont assemblés. La doublure n'est jamais indépendante ! Toutes les fronces (manches, basques) sont montées en tuyau d'orgue. On ne perce pas le tissu pour réaliser les boutonnières, on façonne des brides, on coud des crochets ou des boutons pression.

Le col, apposé sur ce corsage, est petit mais très beau, si possible assorti à la coiffe. Un nœud de soie complète et pare l'encolure. La jupe est toujours exécutée sur trois laizes (de quatre-vingt-dix centimètres à un mètre). Elle est dans le même tissu que le corsage, les couleurs peuvent être différentes. Elle présente, sur le devant, un grand pli plat, encadré de deux plis couchés de chaque côté. Elle est montée sur ceinture. Toute l'ampleur de la jupe, à l'arrière, est enfermée par des tuyaux d'orgue serrés sur une hauteur de six à sept centimètres. La jupe est doublée. Une grande poche est insérée à la couture latérale.

La villageoise porte un tablier, ou devantiau, étroit, sans bavette. Il est en soie ou en mousseline de laine fantaisie. La ceinture est montée à petits plis lingerie. La jeune promise noue à la taille de son tablier le joli ruban de soie qui lui a été offert par l'élu de son cœur. Il n'est pas rare qu'un second tablier de cotonnade protège le premier.

L'hiver, le châle de cachemire ou la cape de drap (de couleur foncée, voire noire), doublée de cotonnade, protège du froid.

Les bijoux viennent compléter cette tenue du dimanche : la croix Jeannette est le plus souvent portée avec un petit ruban ou une chaîne. La broche représente une fleur ou un trèfle à quatre feuilles.

Vers 1900, le costume se transforme. Le corsage veste est très ajusté. Ses manches très épaulées sont larges et resserrées par des poignets hauts et boutonnés. Souvent, les devants des corsages sont très travaillés de plis et agrémentés de rubans perlés. Le corsage est en soie, en satin broché ou en tissu fantaisie. Il est toujours très sobre, voire noir. Il est égayé d'un col blanc de guipure, col officier ou jabot de dentelle blanche ou de mousseline blanche en broderie de Touraine assortie à la coiffe. La jupe est très longue, souvent traînante à l'arrière, dont l'ourlet est garni de

A gauche :
Dos d'un caraco avec basques, fin du XIXe siècle.

Ci-contre :
Ensemble jupe et caraco, fin du XIXe siècle.

balayette. Le devant de la jupe est plat et l'arrière est très ample avec des plis marqués se rejoignant en plis creux au milieu du dos. La jupe est doublée, elle est le plus souvent portée sans tablier. Les dessous se composent de la chemise en lin fin et brodé. La culotte à pattes est fendue ; elle est, elle aussi, brodée. Les bas en fil sont blancs ou noirs ; ils sont retenus par une jarretière. Comme bijoux, la femme porte des épingles de coiffes en or (ou seulement dorées selon sa fortune), en perles noires ou blanches et des chaînes de cou. Un petit panier et le parapluie l'accompagnent toujours.

Rejoignons le Calvados et la plaine de Caen.

Le costume féminin en 1900 se compose le plus souvent d'une jupe et d'une veste, ou caraco. On en trouve encore de nombreux, plus ou moins richement ornés de dentelles, de perles, de guimpes, etc. La forme semble constante, cintrée à la taille. Les costumes ou éléments de costumes présentés ici sont authentiques (recueillis dans la plaine de Caen et le Bocage).

Les caracos peuvent être de différents modèles. Ce vêtement est fabriqué en reps fin, noir mat, agrémenté de petits rectangles brillants. Il est d'une grande simplicité. Le devant se boutonne (dix boutons) ; il comporte deux pinces (une de chaque côté) qui marquent bien la taille. L'arrière est formé d'un empiècement (dos-épaules) avec une couture centrale finissant par un pli creux. Deux empiècements latéraux partent des manches et se terminent par deux plis. Chaque départ de pli est marqué par la présence d'un bouton. Cet ensemble a pour but de bien cintrer la taille et de donner de l'aisance à l'arrière, les plis venant s'ouvrir sur le faux-cul.

La manche, formée de deux empiècements, est resserrée au poignet qui porte une garniture de velours et un bouton. Un col droit tout simple complète ce caraco. L'intérieur n'est ni doublé, ni baleiné.

Le caraco peut être aussi de tissu plus recherché, un damas noir à fleurs noires, qui donne à ce modèle un aspect plus riche. Le col droit est complété par une sorte de plastron triangulaire servant de garniture et posé à plat sur la poitrine. Il est taillé dans le même tissu que le caraco et bordé de dentelle. Entre ce plastron et les crochets de fermeture est cousu un jabot froncé en satin brillant se terminant en pointe sur la taille.

A l'arrière, nous retrouvons un empiècement central et deux empiècements latéraux. Il n'y a pas de plis mais une sorte de basque qui donne l'aisance après le cintré de la taille.

Un mariage vers 1900.

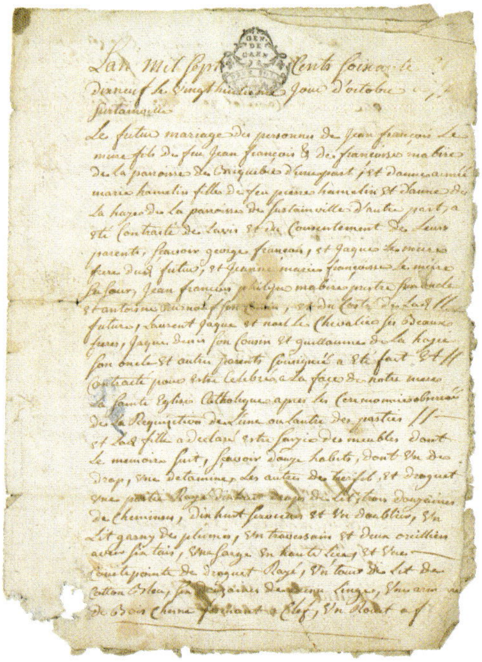

L'an mil sept cents soixante
dixneuf le vingt huitième jour d'octobre
[illegible]
Le futur mariage des personnes de Jean françois Le
mière fils de feu Jean françois & de françoise mabire
de la paroisse de [illegible] d'une part et dame [illegible]
marie hamelin fille de feu pierre hamelin et dame de
la haye de la paroisse de [illegible] d'autre part, a
été contracté de l'avis et du consentement de leurs
parents, savoir george françois, et Jaques Le mière
frère dud futur, et Jeanne marie françoise Le mière
sa sœur, Jean françois philippe mabire prêtre son oncle
et antoine [illegible] son cousin, et du costé de lad
future, Laurent Jaque et noel le chevalier ses deux
frères, Jaque denis son cousin et guillaume de la haye
son oncle et autres parents soussigné a été fait et
contracté pour estre célébré a la face de notre mère
la sainte Eglise Catholique après les cérémonies observées
de la réquisition de l'une ou l'autre des parties
et lad fille a declaré estre saisie des meubles dont
le mémoire suit, savoir douze habits, dont un de
drap, une d'étamine, les autres de [illegible], et droguet
[illegible]
de chemises, dix huit serviettes et un doublier, un
Lit garny de plumes, un traversain et deux oreillers
avec son tais, une sarge en [illegible] et une
courtepointe de droguet rayé, un tour de lit de
cotton bleu [illegible] linges, une armoire
de bois chesne fermant a clef, un [illegible]

Fac-similé d'une promesse de mariage avec énumération des habits de la future épousée, 1779.

La manche, constituée d'une seule pièce, est froncée presque tout autour de l'emmanchure.

L'intérieur, entièrement doublé (cotonnade rayée et fleurie), est baleiné. Sur chaque couture est cousue une baleine étroite (onze en tout). Une ceinture fixée sur les cinq baleines du milieu du dos se crochète par-devant afin que la taille soit bien maintenue.

Certains caracos, beaucoup plus riches en satin, sont agrémentés de dentelles noires, de motifs décoratifs exécutés en perles de jais. La jupe est longue, elle tombe jusqu'à la cheville. Le devant est plat avec deux pinces latérales. A l'arrière, l'empiècement central est encadré par deux empiècements latéraux taillés en biais. Des plis plats soulignent la taille et permettent le port du faux-cul.

En Cotentin, le costume de la mariée, au tout début du XXe siècle, est essentiellement noir, à l'exception du châle et de la coiffe. Il est en tissu broché, se compose d'une jupe droite à panneaux descendant jusqu'au mollet et d'une veste de même tissu à basque volantée, à petit col droit. La fermeture à crochets de la veste est cachée par un plastron noir du même tissu. Les boutons fixés sur le plastron ne sont que décoratifs. Des bas noirs et des chaussures noires complètent le costume. Le châle de mariage est un carré de mousseline. Celui-ci est brodé sur deux angles opposés, une broderie sur l'endroit et l'autre sur l'envers. Le nœud de mariage à longs pans, fixé sur le caraco à hauteur du cœur, est un large ruban blanc cassé garni de fleurs d'oranger. La coiffe, à La Hague, est alors un bonnet tuyauté sur deux à trois rangées.

Les P'tites Normandes d'agneu

Dans not' modeste album de bonn's gens d'Normandie,
J'n'avons mins jusque là qu'd'anciens costeum's normands,
Faut portant qu'y figur'nt lés modernes vêt'ments,
Comme ont cés deux p'tiot's là qu'ont la goul'si r'bondie.
Avec dés joues comm'cha, la bonnet'de Bayeux,
De qui qu'o font mépris leux irait portant mieux ;
Por mei, j'lés trouv'bi drôl's dans l'costeume d'la ville,
J'sais bi qu'aupreus dés gas cha leux donn'du succès
Et pus dame apreus tout, faut qu'no suive l'progrès,
Et malgré c'que j'en dis, j'lés trouv'tout d'mêm'-gentiles.
Et'ous pei de m'n avis qu'i faut qu'no sait d'san temps,
Au diable lés grincheux qui n'sont jamais contents.
A c't'heu la Bayeusaine et sa jolie bonnette,
C'est dev'nu comm'no dit : la Normand'd'opérette ;
Malgré cha cés p'tiot's là sous leux nouveau harnais,
Sont aussi normand's que lés normand's d'aut'fais.

La Mode et l'Ancien temps ont chacun leux apôtres,
Tandis qu'lés vieull's tienn'nt core à leux gracieu bonnet,
Lés jeun's arbor'nt fièr'ment leux moderne capet,
C'est la fin d'eune époque et l'commenc'ment d'eune autre !

Charles Lemaître,
« Bonnes Gens de Normandie »

Anciens Costumes de Paysans Normands

« Eune fière neuche ! Aie ! Garçons ! » Septime Lepipre, coll. Musée Baron-Gérard, Bayeux.

Costumes masculins

A la fin du XVIIIe siècle, les Normands portent l'habit « à la française ». L'ensemble se compose de l'habit, sorte de longue veste généralement à basques, d'une veste-gilet, d'une culotte avec des bas et/ou des guêtres, appelées selon les pays « houseaux » ou « gamaches », et d'un chapeau, rond ou tricorne. Les tissus utilisés sont souvent du drap, du droguet, du meslinge de fabrication locale. Les gens aisés chaussent des souliers.

Chez les paysans, plus modestes, l'habit est aussi de mise, parfois acheté chez le fripier. Ils vont en sabots, et utilisent souvent des bonnets de laine.

Après la Révolution, et au moins jusque vers 1830, l'ancien habit à la française avec sa longue veste tend à céder la place à une veste courte avec revers, dite « à la carmagnole ». Le pantalon est de plus en plus fréquent, au détriment de la culotte. Celle-ci reste cependant encore très prisée. Les vêtements sont encore taillés dans des tissus et des draps de laine, parfois des velours.

Dessous, le gilet, avec ou sans manches le plus souvent, est à la mode. Pour lui, auprès des étoffes traditionnelles (futaine, indienne), des tissus plus fins peuvent être achetés chez le mercier, coton et soie. Sous le gilet, une chemise, elle est de lin ou de chanvre, parfois plus fine. Au milieu du siècle, un faux col est adapté sur la chemise et une cravate est nouée sous le menton. Elle peut être un simple ruban ; c'est l'anguille, ou tour de cou en soie brochée formant un large nœud. Plus simplement, et notamment sur la blaude, le Normand attache un mouchoir de cou. Les chapeaux gagnent en hauteur, mais les bords sont moins larges ; certains hommes ont gardé le tricorne.

Vers 1830-1840, la blouse en lin, bleue, brodée devient à la mode, aussi bien en ville qu'à la campagne. Elle a été précédée de sarraus de toile souvent bleus, quelquefois blancs écrus. Avec la blaude, les casquettes vont être utilisées ; il en existe de différentes formes : casquettes à pont ou casquettes plates, avec ou sans rabat, en tissu de coton ou en laine.

Pour le travail, un bonnet de laine, puis de coton est de circonstance ; là encore, les progrès de l'industrie de la bonneterie marquent cette époque.

En ce temps-là, la redingote, sorte de veste longue, est parfois présente chez les notables en milieu rural, plus largement en milieu urbain. Avec la redingote, les chapeaux hauts de forme sont assez étroits, type tuyaux de poêle, évasés vers le haut.

Pour se protéger, notamment pendant leurs voyages, les hommes portent la limousine, cape d'étoffe assez grossière. Elle deviendra la pièce de vêtement typique du berger de nos régions.

Dans le Cotentin, il faut attendre 1870 environ pour que blaudes et blaudiaux en droguet soient utilisés. Avec eux, dans le nord du département, les petits capets de Valognes et de Brix commencent leur carrière qui se poursuivra jusqu'à environ 1918.

Les blaudes évoluent ; elles sont moins richement brodées. Après 1870, elles deviennent noires. A partir de 1918, elles servent surtout aux marchands de bestiaux et sont fabriquées en toile villette, toile de lin très résistante.

Les vestes d'habit ont aussi changé dans les années 1860-1870. Elles sont toujours courtes, en laine, presque exclusivement noires, maintenant. A côté d'elles, la redingote existe aussi. Le chapeau melon fait son apparition, il connaît en cette fin de siècle une grande vogue. Il est porté aussi bien avec la veste qu'avec la blaude.

A côté, vers 1900, venant de la ville, le haut-de-forme, type gibus, ou encore le chapeau claque sont adoptés par certains élégants.

Enfin, la chemise, déjà mentionnée, élément toujours présent dans l'habillement, en grosse toile ou plus fine, a été très longtemps l'unique sous-vêtement masculin. Les deux longs pans, avant et arrière, se replient entre les jambes et isolent ainsi la peau du tissu du pantalon. Beaucoup d'hommes découvrent le caleçon dans le paquetage militaire et, même après la Première Guerre mondiale, l'usage ne s'en généralise pas rapidement.

Le costume de l'homme est d'abord utilitaire. Dans les campagnes, il est inspiré des pauvres vêtements pratiques et solides de l'Ancien Régime. Puis, au cours du XIXe siècle, les Normands, surtout les plus aisés, se laissent guider par les modes de la Cour et de Paris. Cependant, cette influence parisienne ne s'est pas imposée uniformément dans l'ensemble de la province. Ce mouvement a progressé d'est en ouest. Il a ainsi touché plus tardivement le Cotentin que les autres pays. Bien sûr, l'ascendant de ces modes a été plus conséquent et plus rapide dans les villes que dans les campagnes.

Ainsi, à une même époque, on peut constater, selon les terroirs, un certain nombre de différences dans les costumes masculins, qui néanmoins restent globalement assez semblables.

Le paysan est rustique de par son allure et sa physionomie. Il se distingue dans ses « biaux atours » les dimanches et les jours de fêtes carillonnées. La culotte, le pantalon, le gilet, la blaude, la redingote et la limousine forment les pièces principales de sa tenue.

Costume de paysan du Maine : chemise, gilet de peau, pantalon de coutil et grand chapeau.

« Le Vieux Berger du Mont-Joly. »

Culotte de peau, braguette dite « à pont », XIXe siècle.

A droite :
Détail du pont du pantalon.

Page de droite :
Paysan du Domfrontais, esquisse de Mme Leprince, collection particulière.

La culotte de travail du paysan et du berger, de l'intérieur des terres, est d'un usage quotidien. Elle doit donc être solide et résistante. En fait, elle est l'évolution du haut-de-chausse ; elle est réalisée en drap, en toile, en gros velours, en laine ou encore en peau, suivant l'aisance du paysan. On la trouve dans les tons de gris, de marron, de brun rougeâtre, elle est à pont, c'est-à-dire qu'une pièce de tissu vient se relever sur le devant pour clore la culotte. Les jambes s'arrêtent resserrées aux genoux.

Le nom dialectal de la culotte est la « brague ». Ce mot est d'usage dans l'ancien français et son étymologie se rattache aux « braies » gauloises. Ce nom vient de la fente pratiquée sur le devant de la culotte appelée « braguette » et se fermant par une simple bûchette dans le courant du XVIIIe siècle.

Charles Lemaître chante en patois « sa brague en droguet d'fachon » :

J'étais l'pu biau d'Hottot lés Bagues,
Et d'tous j'faisais l'admiration,
Surtout quand j'eus mins ma bell'brague
Tout'neuve en bon droguet d'fachon.

Alors que certains hommes portent la culotte, d'autres préfèrent avoir le pantalon.

Plus récent, le nom pour désigner ce vêtement de sans-culotte apparaît vers 1800. Les jambes du pantalon descendent jusqu'aux chevilles. Dans les inventaires, Marguerite Bruneau estime que, en 1825, dans le Calvados, l'usage du pantalon est à 71 % et celui de la culotte à 57 %.

Le pantalon est, par excellence, le signe de la virilité. Il est à pont, réalisé généralement dans un coutil plus ou moins épais, dessinant des rayures rouges, sable, grèges et peu à peu gris rayé de blanc et noir en Haute-Normandie. Dans le Cotentin, le Pays augeron et le Domfrontais, on le trouve aussi en coutil rayé de noir, de gris et de blanc, et parfois en velours à grosses côtes dans la plaine de Caen. Dans le Domfrontais et le haut Maine, il est en toile de coton uni ou rayé ainsi qu'en pied-de-poule. Comme le dit la chanson : « Rin qu'à la coupe du pantalon ça s'vé bin qui l'est d'Dimfront. »

Lors des dimanches et fêtes, le Normand revêt son pantalon en drap de laine, tissu réservé pour les « biaux atours ». Sa coupe est droite arrivant à la hauteur de la cheville et il est également à pont, dans les tons de gris ardoisé, marron noisette, violet, prune, cramoisi, noir, etc. Ce type de pantalon est porté chez le Normand de la plaine de Caen, du Domfrontais, du Pays coutançais et chez le paysan du haut Maine. Quant au pantalon

PAYSAN

Gilet de travail en coutil.

retrouvé au château de Marcilly-sur-Eure, il est en coton piqué blanc à petits motifs bleus, sa coupe est droite et remonte très haut sur les reins.

Dans le Pays de Caux, il est confectionné en laine à fines rayures, allant du beige au marron foncé, du bordeaux foncé au bleu et du vert foncé au gris. Il est en droguet noir à Valognes, mais à Brix on le trouve en teintes sombres comme le marron, le vert, le bleu et le grenat. La longueur de la jambe est souvent agrémentée d'un galon sur la couture latérale.

1. Gilet d'époque Directoire.

2. Gilet en soie.

3. Gilet en velours.

1

2

3

Le paysan-pêcheur de la région de Dieppe et de Saint-Valéry-en-Caux a coutume de se vêtir chaudement et d'enfiler un gilet, ou camisole ou encore casaque, confectionné dans un tissu épais. Pour les jours ordinaires, le paysan de l'intérieur des terres de Haute et Basse-Normandie ou du Maine revêt un gilet de droguet, de flanelle ou de laine de pays tricotée à partir de la tonte des moutons : lavée, cardée puis filée – par les filleresses en ce qui concerne le Cotentin.

Le berger du Pays d'Auge et du Maine supporte un gilet de peau de mouton ou de peau de bique, large et long, renforcé de toile de chanvre. A Brix, le modeste gilet est tissé à petits carreaux, ou pied-de-poule bleu moyen sur fond écru, garni de boutons de nacre.

Lors des dimanches et fêtes, le Haut-Normand met un gilet en lainage ou en satin broché dont la particularité est d'être muni d'un col. Quant au gilet du costume retrouvé au château de Marcilly-sur-Eure, il est croisé avec un col châle, avec deux rangées de quatre boutons de nacre, deux poches à gousset et une patte de serrage au dos. Réalisé également dans un coton piqué blanc à petits motifs bleus.

Dans la plaine de Caen, le gilet est généralement de velours, de drap, de molleton et sans manches. S'il est pourvu de manches, il peut servir de veste.

Dans le haut Maine, le Domfrontais, le Coutançais, le Valognais et le Cotentin, il est en velours ras ou en soie brochée, dans les tons lumineux violines, bleus, mauves, écarlates sur fond noir à ramages de feuilles et de fleurs ou à rayures. Le dos du gilet est en satin de coton ou en satin de soie, noir ou bleu foncé généralement, muni d'une patte de serrage pour obtenir l'ajustement désiré au niveau de la taille. La plupart du temps, le gilet se présente sans manches, avec ou sans col châle. En Cotentin, certains gilets ne sont brodés que sur les revers de col et des poches. Dans une des poches dite « à gousset » est glissée une montre suspendue à une chaîne reliée à une boutonnière. On trouve dans le Coutançais une variante : le gilet laisse la place au jabot de mousseline et de dentelle. Saint-Lô a la spécialité des gilets brodés.

Détail de la broderie du tour de poche.

A gauche :
Blaude brodée, XIXe siècle.

La blouse, ou blaude ou biaude ou blaôde, est portée sur l'ensemble du territoire de la Normandie.

De vêtement de protection, elle passe au rôle de vêtement d'usage au quotidien. Le Normand est généralement vêtu d'une blaude, forme dialectale du mot « blouse ». Le terme est vraisemblablement d'origine germanique. Il apparaît pour la première fois en 1788 et il désigne le « vêtement des paysans et des ouvriers » (*Dictionnaire étymologique*, Larousse).

Il semble qu'elle ne soit apparue que vers la fin du XVIIIe siècle. Elle fut très portée durant le XIXe siècle, y compris comme vêtement élégant ; les fermiers et marchands de bestiaux continuèrent à en utiliser des modèles moins sophistiqués, comme vêtement protecteur longtemps au cours du XXe siècle.

Ch. Leroy, après avoir décrit le costume masculin du paysan normand au XVIIIe siècle, précise : « Dans cette énumération que nous venons de faire des vêtements du paysan, on s'étonnera peut-être de ne pas trouver la blouse, la « plaude » ou « blaude » bleue, la belle blouse empesée avec ses broderies blanches au col et aux épaules, qui disparaît aujourd'hui devant les « confections » à bon marché. Si nous n'en avons pas parlé, c'est que son usage ne s'était point encore généralisé et que, dans nos campagnes elle ne devait faire son apparition qu'à la fin du XVIIIe siècle et au commencement du XIXe. »

Marguerite Bruneau note des mentions de « surtout », de « sarreau » et de « blouse » dans des inventaires du Bessin vers 1830 pour désigner un « survêtement », encore peu répandu à cette époque mais qui est en passe de se populariser en Normandie centrale tout particulièrement. En effet, un fabricant de blaudes était installé à Blainville-sur-Orne en 1830. Quelques années plus tard, en 1850, la supérieure de la Providence de la maison de la Poterie à Bayeux crée l'industrie des blouses brodées.

Pour le paysan du Pays de Caux, du haut Maine, du Domfrontais, de la plaine de Caen, du Pays d'Auge, la blaude est un vêtement plus ou moins court, mais ample, de toile de

Blaude calandrée dans ses plis : « Touote dépéliante neuve », fin du XIXᵉ siècle.

A gauche :
Blaude ouverte non brodée, Basse-Normandie, XIXᵉ siècle.

Page de gauche :
Blaude brodée, Basse-Normandie, XIXᵉ siècle.

lin bleue, tissée, très serré. Elle est généralement teinte en bleu très foncé, même si, à l'usage, la couleur perd de son intensité. Il y eut certainement des blaudes plus ou moins richement brodées au point de Beauvais : des cœurs pour une noce, des têtes de chevaux dans le Domfrontais pour une foire, ou des arabesques délicates et fines d'un très joli effet artistique pour une fête. D'autres sont toutes simples, sans broderies. Le tissu est traité de manière à être imperméabilisé. Le nettoyage des blaudes s'effectue dans une décoction de feuilles de lierre ou dans une dilution de fiel de bœuf. Ce traitement a la réputation d'entretenir l'apprêt.

Diverses formes de blaudes ont coexisté dans l'ensemble de la Normandie. Ainsi, il est possible de décrire deux modèles sensiblement dissemblables retrouvés dans la plaine de Caen.

L'une de ces blaudes n'a pas d'ouverture devant, sur la poitrine, le col est ras du cou, l'ouverture s'élargit et se ferme grâce à deux boutons sur l'épaule. Elle est assez courte, la largeur au bas est le double de la largeur d'épaules, ce qui lui donne une certaine ampleur. Les pièces du devant et du dos sont de forme rectangulaire ; le côté monté sur le col est plissé très serré, ce qui diminue sa largeur de moitié. Elle est richement brodée. Les décors évoquent des motifs floraux stylisés, fleurs et feuilles, réalisés au point de Beauvais. Si l'on retourne la blaude, on y trouve d'autres broderies plus modestes, surtout des surpiqûres mais avec des pattes d'épaules réellement brodées, ce qui semble permettre une réversibilité. Les broderies sont fabriquées sous forme d'empiècements à monter et à coudre avec les autres pièces. Elles sont vendues par lot comprenant deux pattes d'épaule, une encolure, deux poignets et deux fentes latérales de poches. La broderie est exécutée au fil de lin blanc. De telles pièces sont présentées au Musée du Vieux-Honfleur et au Musée de Normandie à Caen dans la collection de Jeanne Messager. Dans cette dernière existe une blaude brodée de motifs différents au recto et au verso ; sur une face, des cœurs sont un des motifs représentés, notamment aux poignets. Ce sont, dit-on, des broderies propres à un vêtement de noce.

La deuxième blaude est de taille et de proportions identiques. En revanche, elle est ouverte sur le devant, sur la moitié de sa hauteur environ. Elle se ferme au col par une paire de boucles en métal : d'un côté le crochet, de l'autre la chaînette. Elle n'est pas brodée, mais le col et l'ouverture de devant sont ornés de fines piqûres droites soulignant ainsi l'empiècement.

Violoneux de Mortain, Géo Fourrier.

Il faut le voir avec sa blaude
Aux fins liserés blancs sur bleu,
Que, selon la mode rustaude,
Sa redingote dépasse un peu.

Il part dans sa leste carriole ;
Au flic flac de son fouet savant
Le bidet comprend sa gloriole.
La blaude claque et bouffe au vent.

Charles Théophile Féret,
« La Normandie exaltée »

Quant au paysan du Coutançais, du Valognais et du Pays de Brix, sa blaude est en toile de chanvre, ou en droguet suivant qu'il travaille ou qu'il est endimanché. Les droguets sont de couleur verte ou marron et, pour les plus récentes, noire. Les plis sont raides et luisants pour avoir subi une opération appelée « foulon ». Certaines blaudes ont également des plis aux manches. Des parements au col, aux épaules et aux bords rapportés sur les devants sont souvent brodés de dessins simplistes, exécutés au point de tige, d'épine et de passé plat, en cordonnet de soie ou de coton noir. Le col se ferme par une chaînette décorative ou par une boucle en métal argenté.

Dans ces différents pays cités ci-dessus, on enfile aussi un autre vêtement : le blaudeau, ou biaudeau, plus court que la blaude. Il est maintenu à la base par une bande de tissu retenant les plis en place. Sur les parements de chaque côté à l'avant, il est pourvu de nombreux boutons de nacre colorée.

1

2

3

Une description pétillante de la blaude est celle de René Dumesnil dans *La Seine normande* : « Les hommes s'engonçaient d'une blouse de toile bleue. Cette "blaude" était roide, luisante, et comme vernie. Souvent une soutache l'ornait, autour de la fente par laquelle on glissait la tête, comme dans un surplis. La blouse ne quittait pas le paysan ; les jours de fête, il l'enfilait par-dessus sa redingote. Seulement en ces occasions, il en choisissait une bien neuve, bien roide. Les jours de semaine, elle recouvrait la chemise ou le tricot, selon les saisons. Au marché, on voyait cent, deux cents, trois cents blaudes pareillement roides. »

1. Homme de Valognes en blaudiau.

2. Homme de Brix.

3. Gohel, interprète des chansons d'Alfred Rossel, Cherbourg, début du XXe siècle.

Blaudiau de Valognes, XIXe siècle.

Détail des plis du montage : dos d'un blaudiau.

Agrafes de blaudiau.

Bourgeois de Domfront, Géo Fourrier.

Dans le courant du XIXe siècle, pour les sorties endimanchées ou les jours de fêtes, le Normand, en général, parachève sa tenue d'un habit-veste à grandes basques carrées dans le dos : la redingote. Ressemblant à un gilet à manches longues, offrant deux longs pans à l'arrière, enjolivés de deux boutons d'un or luisant, la redingote existe sous diverses formes suivant les localités. Elle est réalisée en droguet, en drap, en coton piqué, ou encore en toile pour l'été. Les teintes sont variées : gris ardoise, bleu roi, bronze, violet prune, marron noisette, vert olive. Sur le devant, la veste est courte (hauteur d'un gilet) garnie au minimum de quatre boutons d'un or luisant. Le col rabattu est plus ou moins large. Les manches longues sont droites garnies également de petits boutons dorés, fixés sur la couture latérale, vers l'extrémité. Elle est généralement doublée de satin de soie, de satin de coton, de sergette ou de flanelle, de même couleur.

La redingote du « Costume blanc » trouvé dans le château de Marcilly-sur-Eure a comme particularité la présence de profondes et larges poches dissimulées entre doublure et tissu dans les basques. Les deux boutons de nacre du devant n'ont d'autre utilité que l'ornement puisqu'il n'y a pas de boutonnière.

Dans le Coutançais, la veste se présente courte et cintrée dans un droguet noir plus ou moins pelucheux.

La description de cette « vêture » serait incomplète si on ne parlait pas du vêtement de protection. En Haute-Normandie, le pêcheur de la région de Dieppe se protège de la pluie et du froid en s'équipant d'un caban à capuchon. Le survêtement de toile huilée ne fera son apparition qu'au cours du XIXe siècle. Par-dessus son étrange costume, le pêcheur de Saint-Valéry-en-Caux enfile, pour résister au froid, une veste de laine marine.

Vers l'intérieur des terres de Haute et Basse-Normandie, pendant que la villageoise se protège de la pluie et du froid avec le capot, ou mantelet, le villageois s'enveloppe d'un manteau ample, simple et pratique : la limousine. Sorte de cape longue type berger, elle est faite dans une grossière étoffe de laine et fil à raies blanches et noires ou encore unie marron ou bleu foncé ; elle comporte un capuchon qui, en cas de pluie, se rabat sur la tête. Son nom vient du Limousin ; le vêtement y trouve peut-être son origine. Elle est introduite en Normandie et adoptée dans toute la Basse-Normandie, du Pays d'Auge au Cotentin, au XIXe siècle.

En 1860, on trouve trace d'une facture à l'en-tête de « Allain jeune, 12 rue des Boucheries – Lisieux » (Tiretaine de toutes espèces – Limousines confectionnées).

Le costume régional du XIXe siècle est donc pour le peuple un costume de fête, l'habit de tous les jours en étant une version simplifiée.

Page de gauche : **Limousine.**

Costume blanc du château de Marcilly (Eure), fin du XIXe siècle, copie du costume authentique.

1

3

2

1. *La Vente du poisson*, tableau d'Oscar Guet, vers 1825, Musée du Vieux Granville.

2. Groupe de marins-pêcheurs, gravure.

3. Pêcheurs d'Etretat, gravure.

Le costume des marins-pêcheurs de nos côtes

Le costume des marins-pêcheurs de nos côtes, à la fin du XVIIIe siècle, est, surtout connu à travers les représentations qui en ont été faites dans les gravures et les tableaux. Nous étaierons notre étude sur l'observation de quelques tableaux et sur celle des gravures de Lalaisse ou de Charpentier.

Le milieu des marins a de tout temps constitué une société assez fermée, peu ouverte à ceux de la terre. La dureté du métier, le contact avec la mer et ses dangers ont amené les hommes à développer des coutumes particulières, un patois spécifique, des danses et des chansons originales, et, des habitudes vestimentaires propres ; bref, un folklore sensiblement différent des Normands des autres terroirs.

L'élément le plus spécifique du costume du matelot est, sans doute, la large culotte de toile. Dans une étude, non publiée, qu'il a menée, notamment au Musée de la Marine, un folkloriste avance l'idée que l'usage de cette culotte était répandu tout le long des côtes de la Manche et de l'Atlantique, des Pays-Bas au Portugal, bien sûr avec quelques variantes.

A l'origine, c'était très certainement un vêtement protecteur, généralement cousu dans de la grosse toile à voiles et essentiellement porté pour le travail en mer. Puis, au fil du temps, fabriqué dans des toiles moins grossières, il sert aussi à terre.

Le pêcheur de Dieppe

Sa tenue est tellement caractéristique qu'elle a pris un aspect très original permettant de reconnaître un homme issu d'un faubourg de Dieppe : le Pollet. Là, dit-on, des marins vénitiens s'étaient installés dès le XIIIe siècle. Sur la route de la Hollande, ils avaient fait escale et étaient restés. Le goût des couleurs vives et bariolées pourrait être une influence de ce temps-là. Toujours est-il que, vers 1840, les Polletais portent encore un costume bleu roi, à la française, avec cette large culotte qui donne un effet de jupe en s'arrêtant au-dessous du genou. Bas blancs et souliers à boucles, toque de velours du même bleu, ornée d'un plumet, complétaient cette sorte d'uniforme. Sans doute était-il utilisé seulement en certaines circonstances, un peu théâtralisées : les processions et les pardons, par exemple. Les marins d'Eu ou du Tréport se reconnaissaient au fait que cette culotte est blanche, et que leur vareuse et leur bonnet sont de laine rouge. De façon générale, ces culottes étaient portées tous les jours par les marins, et devaient donc être plus rustiques. Elles étaient mises par-dessus un caleçon de toile, de laine ou de serge, ou encore sur des bas de laine, ou plus simplement sur les jambes nues. Dans la région de Dieppe, ces larges culottes de toile sont appelées « cotillons » ou « braies ». La ressemblance avec le large pantalon gaulois (le mot « braies » est d'origine gauloise) explique sans doute cette adaptation sémantique du mot. Donnant un effet de jupe et s'arrêtant au-dessus du genou, cette culotte est maintenue à la taille par une haute ceinture lacée devant et derrière. Réalisée généralement dans de la toile à voile, elle recouvre le pantalon ou le caleçon de laine, de serge, de flanelle ou de toile appelé « houseaux », ou encore elle tombe sur les bas de laine ou tout simplement sur les jambes nues.

Lorsqu'il n'est pas pieds nus, le pêcheur porte des semelles de cuir sur lesquelles sont adaptées des guêtres, des houseaux de toile, de coutil ou, plus rarement de cuir, celui-ci étant très cher. Le mot vient du francique *hosa* ; il apparaît au XIIe siècle et désigne une sorte de jambière, une tige de botte. Dans le parler local de Dieppe, il semble que le mot désigne aussi le caleçon lui-même. Là encore, il y aurait une légère adaptation sémantique.

Pêcheur en suroît, fin du XIXe siècle.

S.P.

Sur sa chemise de mer, le matelot ajoute un gilet et, selon les saisons, une camisole de tissu épais ou un caban à capuchon. Un mouchoir de cou, parfois en soie, complète, avec le bonnet de laine, la tenue du pêcheur. Les hommes se tricotaient eux-mêmes leur bonnet avec des couleurs mélangées, parfois tricolores.

Plus tard, au cours du XIXe siècle, vers 1820, le survêtement de toile huilée imperméable, le suroît, fera son apparition. Le mot « suroît » est d'origine normande. A l'origine, il indique le sud-ouest, tout comme le noroît indique le nord-est, puis il désigne d'abord la vareuse imperméable du marin, ensuite son chapeau également imperméable dont le bord descend sur la nuque pour la protéger. C'est donc le chapeau qui protège des pluies du sud-ouest, dominantes en mer de la Manche. Les inventaires effectués attestent que certains matelots possèdent des tabliers et des manchettes de cuir, ainsi que des mitaines de grosse toile, ou halavants, pour haler les cordages mouillés et froids.

Pêcheur d'Arromanches, gravure de Lalaisse, lithographie de Charpentier, in *La Normandie illustrée*.

Page de gauche : **Pêcheur de crevettes, Septime Lepipre, coll. Musée Baron-Gérard, Bayeux.**

Costume d'Arromanches

Ce costume se rencontre sur toutes les côtes. On peut cependant observer une façon différente de porter cette jupe-culotte, sur la gravure de Charpentier représentant le pêcheur d'Arromanches. En effet, celui-ci a resserré sa culotte aux genoux, au haut de ses bas de laine gris. Il est chaussé de souliers. Les matelots sont coiffés de bonnets de laine. Une vareuse, sans doute en grosse toile de laine bleue, avec double rangée de boutons, complète l'ensemble. Enfin, ces pêcheurs, aussi bien ceux de Dieppe que celui d'Arromanches, sont représentés fumant la pipe : une petite pipe, longue et fine, en terre. Le métier de pêcheur est très rude, la mer recèle des dangers et les drames ne sont pas rares. Les marins-pêcheurs aiment se placer sous la protection du ciel. D'ailleurs, la bénédiction de la mer est une cérémonie courante, dans nos ports de la Manche.

La tradition veut que les marins, afin d'y voir plus clair, notamment la nuit, se percent l'oreille et y accrochent un anneau.

« Les marins de nos ports de la Manche étaient tous vêtus d'une façon qui paraît originale de nos jours, mais que la profession expliquait aisément : vêtus chaudement, ils protégeaient leurs vêtements en les recouvrant d'un cotillon de toile à voile aux larges jambes, qu'ils maintenaient à la taille par une ceinture lacée devant et derrière.

Ils portaient : un bonnet de laine, une veste ou camisole de gros lainage par-dessus la chemise de mer et le gilet, un caban à capuchon, la culotte remplacée dès la fin du XVIIIe siècle par le pantalon [...] ; des bas de laine ; des bottes de cuir à semelles de bois complétaient leur tenue. » *Le Costume en Normandie du XVIIIe au XXe siècle* (sous la direction de Brigitte Bouret)

Costumes d'enfants

Contrairement à celui de l'adulte, le costume de l'enfant n'a pas beaucoup évolué jusqu'au début du XXe siècle. A cette époque, garçons et filles sont vêtus de façon identique jusqu'à l'âge de six ans. C'est seulement à compter du début du XXe siècle que l'habillement se différencie progressivement entre les garçons et les filles.

Le tout-petit, de sa naissance jusqu'à ses premiers pas, aux environs de deux ans, est vêtu d'une ou de plusieurs brassières de toile. Une brassière de laine du pays recouvre celles de toile. Plusieurs épaisseurs de tissu, maintenues entre elles par une couture grossière, constituent la couche. Un lange molletonné, retenu par un cordon, puis par des épingles à nourrice, enveloppe les jambes de

« Paysans occupés à préparer le chanvre devant la porte d'une chaumière », Pierre Duval Le Camus, huile sur toile, collection Musée de Lisieux.

1

2

3

1. Bébé en cache-lange.

2. Sous-vêtements d'enfant (deux jupons, une culotte, un corset), fin du XIXe siècle.

3. Robe de garçonnet, vers 1850.

l'enfant. Replié à la base, il empêche tout mouvement. Cette immobilité a pour but de maintenir les jambes droites, de le protéger du froid et d'assurer sa sécurité. L'enfant sera enserré jusqu'au cou tout le temps où il sera seul durant le travail de sa mère ou la nuit. Un bonnet protège la tête du tout-petit. On ajoute ensuite des cache-langes, des robes ou des manteaux en fonction de la richesse de la famille.

Dans les classes sociales aisées, au début du XXe siècle, le costume de la petite fille évolue selon l'âge. A deux ans, elle est affublée de corsets-brassières, remplacés vers cinq ans par le véritable corset à tiges d'acier. On pense alors qu'il faut comprimer le corps le plus rapidement possible pour façonner une silhouette agréable.

Dans les milieux plus modestes, l'évolution est identique, mais les tissus sont moins fins. Les vêtements de l'aîné sont souvent réutilisés successivement par tous les frères et sœurs.

Au-delà de deux ans, jusqu'à sa sixième année, l'enfant est le plus souvent vêtu d'une robe ou d'une jupe. Le costume du garçonnet de famille aisée se compose de sous-vêtements : chemise, jupon, culotte longue de fine toile, bas. Par-dessus, la robe imprimée ou unie peut être soit taille basse, soit resserrée à la taille par une ceinture. A ses pieds, on trouve des chaussures de cuir, des bottines avec boutons ou des sabots. Des guêtres en drap, en lin ou en cuir couvrent les jam-

A gauche :
Petits bonnets d'enfants dits « béguins », XIXe siècle.

Petite fille en costume, reconstitution du costume, XIXe siècle.

Page de gauche :
Enfant sur un tonneau, Henri Ermice, collection « La Vie aux champs ».

bes. Les couvre-chefs les plus répandus sont les bonnets et les béguins. Simples et dans des matériaux courants (coton, lin, laine) pour tous les jours, ils sont confectionnés pour les jours de fête dans des tissus plus précieux (linon, tulle, soie, mousseline) et sont plus ou moins ornés de dentelles ou de broderies.

Le coût des textiles et les difficultés d'approvisionnement ont fait que les costumes des adultes et les restes de tissus ont été transformés à l'usage des enfants.

Dans le Maine, les petites filles portent une chemise en chanvre fin, en lin ou en coton, à manches longues ou courtes, resserrée à l'encolure par une coulisse. Dessus, la robe est de toile colorée unie ou rayée ; froncée à la taille, elle s'ouvre et se ferme sur le devant par un laçage. Le tablier la protège. Sur la tête, les fillettes portent un petit bonnet, dont on connaît quatre modèles. Le plus couramment utilisé, le bonnet trois pièces, est réalisé en piqué classique ou fantaisie ou alors tricoté au crochet avec du coton.

Les gars ont un costume qui ressemble beaucoup à celui du père : une chemise de chanvre ou de lin, un mouchoir à carreaux noué autour du cou, un pantalon à pont, en laine ou en coton, et, sur la tête, un bonnet de coton. Les pieds des enfants sont protégés parfois avec des chaussettes de laine du pays et des sabots de bois, généralement à brides de cuir.

L'enfant, à cette époque, est surtout symbole d'alliance, de continuité, d'association, de préservation et de pouvoir. Ce sera le vêtement qui le mettra en valeur pour son paraître. Dans les classes sociales moins fortunées, le statut de l'enfant sera, peu à peu, reconsidéré, et donc le costume de celui-ci adapté en fonction de celui de l'adulte afin de le rendre plus pratique et plus abordable.

Sabots d'enfants.

1847

Les coiffes

En Normandie, les coiffes sont si différentes et si variées qu'elles nous incitent à réfléchir sur leur origine, leur évolution, puis leur disparition. Nous nous demanderons également pourquoi et comment, au début du XIXe siècle, elles ont pris une telle importance. La réponse est complexe ; elle se trouve certainement dans la conjonction de plusieurs facteurs : évolution technologique, évolution sociale, évolution économique, phénomène de mode.

On peut admettre qu'au XVIIe et au XVIIIe siècle il existait un bonnet de forme quasiment unique, composé d'un fond et d'une passe. Ce bonnet initial a été utilisé un peu partout en France, et sans doute en Europe. Il était appelé « cornette », et il semble dériver de la cornette du chaperon du Moyen Age.

Il est curieux de constater qu'en Normandie les bonnets aient pris une telle ampleur et soient devenus si caractéristiques de notre région. La complexité de leur montage, la fragilité de leurs matériaux, la délicatesse de leur entretien, leur coût en font des parures somptueuses que les Normandes, même les plus aisées, ne mettent probablement que les grands dimanches et les « jours de fêtes carillonnées ».

Dans *La Normandie illustrée* éditée en 1854, Amélie Bosquet écrit : « Les formes qu'affecte le bonnet normand sont si diverses, si originales, si multiples, qu'on est tenté d'abord de supposer que ces formes n'ont aucune analogie entr'elles, et qu'elles diffèrent autant à leur point de départ qu'elles se ressemblent peu dans leurs dernières modifications. Mais, en les examinant plus attentivement, on reconnaît bientôt que, malgré leur diversité et certaines disproportions qu'elles admettent dans leurs développements, elles ne sont pourtant que les transformations d'un type fort simple à son origine. »

A l'exception du bonnet cauchois, les grandes coiffes normandes dérivent d'un simple bonnet, composé, à l'origine, d'un fond et d'une passe. Le goût d'agrandir l'une ou l'autre de ces deux parties a conduit à une transformation totale du modèle original et à une grande diversité des coiffes.

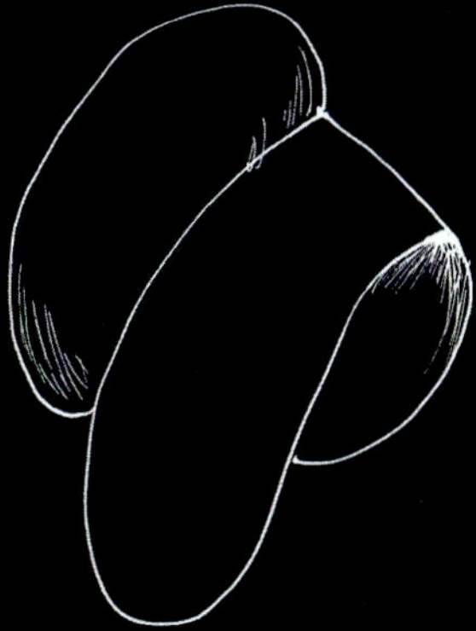

Petite coiffe, de type cornette, fin XVIIIe siècle.

Cauchoise, gravure de Lanté, lithographie de Gatine.

Page de gauche : **Bourgeoise de Valognes au XIXe siècle.**

Femme du Pollet, gravure de Lanté, lithographie de Gatine.

1. Coiffe de la bergère du Haut Maine.

2. La passe s'allonge en grands pans.

3. Coiffe du Haut Maine.

Le fond reste de taille modeste

La bergère du haut Maine des années 1790-1820 se coiffe d'un bonnet à fond carré, à passe simple et bordé d'une petite dentelle au crochet.

La passe s'allonge

Peu à peu, la passe tombe jusqu'aux épaules pour former deux barbes qui pendent, soit devant pour la dormeuse ou la chanoinesse de Bayeux, soit derrière pour la conseillère de Vire.

1

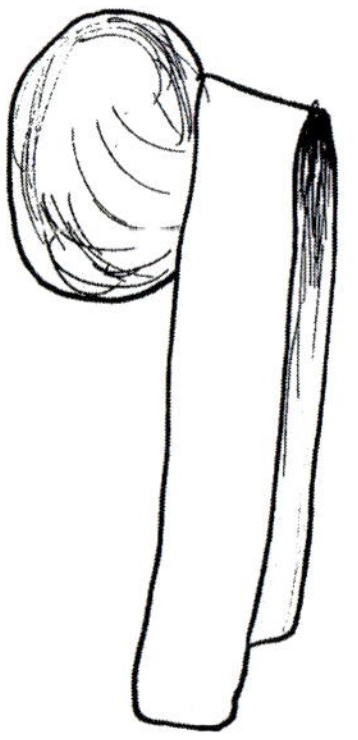

2

3

Vers 1790-1820, la petite paysanne du haut Maine met le dimanche une cornette de toile fine à barbe pendante ou relevée.

Le petit bonnet du Pollet, appelé « cornette », est en grosse toile blanche et enferme le tour du visage à cause du vent de bord de mer. Il a un pan de chaque côté qui peut être remonté et croisé sur le dessus, d'où son nom. Le Pollet est un faubourg de Dieppe qui était habité principalement par des marins.

La passe s'élargit et se prolonge par des volants

Ceux-ci forment des sortes d'ailes de chaque côté, s'agrémentent de plis plus ou moins profonds et plus ou moins nombreux. Certains de ces bonnets comporteront, ensuite, plusieurs rangées de volants cousus chacun sur une passe. Plissés et bordés de dentelles, ils s'étagent alors pour encadrer le visage, par exemple dans le bonnet de Honfleur.

Le serre-tête de Duclair est un petit bonnet de travail. Il enveloppe bien la tête et encadre le visage afin de ne pas laisser les cheveux dépasser du bonnet. Il est composé d'une bande rectangulaire de toile fine pliée en deux. Une coulisse, dans l'ourlet du bas, resserre et maintient solidement le bonnet sur la tête. Il est agrémenté, sur le devant, d'un

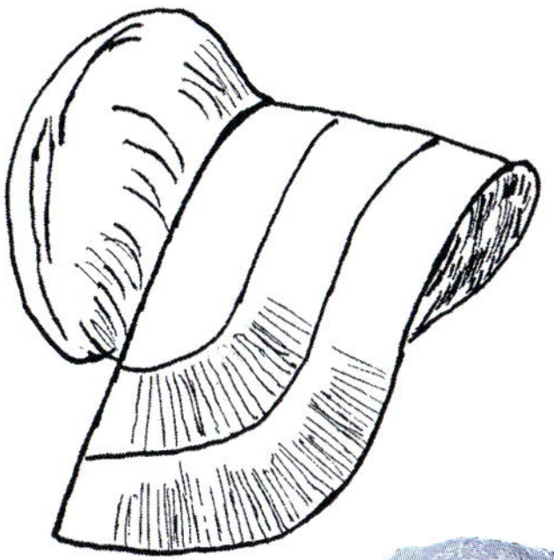

1

2

volant tuyauté de même tissu allant d'une oreille à l'autre.

L'écaillère du Havre est coiffée d'un petit bonnet de toile, genre serre-tête, retenant les cheveux prisonniers, avec, sur le devant, deux rangées de broderie sur blanc madère volantées d'une largeur d'environ quatre à cinq centimètres.

Au cours de la première moitié du XIXe siècle, la paysanne du haut Maine a une coiffe de batiste ou de percale pour le travail. La forme du fond différencie les terroirs du haut Maine. Au nord, le fond est haut, la passe large et arrondie ; les ailes, ou volants, sont plissées et descendent sur les épaules. Au sud, le fond est moins haut et la passe rectangulaire est bordée d'un volant plissé droit.

3

***La Dentellière*, F. Panchet, coll. Musée Baron-Gérard, Bayeux.**

1. Apparition des ailes.

2. Bonnet rond de Lisieux, XIXe siècle.

3. Bonnet rond de la région de Vernon, XIXe siècle.

La passe se dédouble

Les deux parties s'agrandissent, se prolongent de volants plissés ou froncés, exigent un support rigide qui s'enroule autour de la tête. La passe supérieure est quelquefois agrémentée de fleurs, et un ruban orne souvent l'arrière du bonnet. C'est le cas des bonnets dits « ronds », en particulier, ceux du Pays d'Auge, de l'Orne et de l'Eure, mais que l'on trouve aussi dans toute la province, aux côtés d'autres coiffes.

Le pierrot, ou bonnet rond, est à l'origine la coiffure des élégantes sous le règne de Louis XV. Il est composé de trois parties : un fond cousu à une passe bordée de deux volants de largeur inégale, superposés. Les plis plats des ailes remontent. Ce type de coiffe, nommée de façon générique « bonnet rond », a été utilisé très largement dans différents endroits de la province, avec, cependant, des variantes plus ou moins importantes, mais qui caractérisent le terroir où elles ont été portées.

Dans la région de Vernon, les passes sont toutes doublées d'un fond en coton de couleur marron. Il semblerait qu'il s'agisse là d'une spécificité locale. Ailleurs, elles peuvent être blanches ou bleues. Suivant les localités, le rang social, le bonnet rond est en percale, mousseline ou tulle, plus ou moins brodé et parfois bordé de dentelles.

Les ailes s'agrandissent.

La coiffe du Domfrontais, vers 1820, est un bonnet rond. Celle de la bourgeoise est montée sur une carcasse en forme de tour conique, parfois appelée « hennin ». Elle est faite de carton ou de sparterie, recouvert de tissu bleu ou blanc. De chaque côté sont cousus des fils de laiton gainés de fil blanc destinés à soutenir les ailes de la coiffe. Un large ruban de velours noir est posé sur le devant, d'une part pour maintenir la coiffe sur la tête et, d'autre part, afin de mettre en valeur la blancheur des broderies et de la dentelle. La passe de fine mousseline blanche, ou de tulle, est aussi haute que le hennin. Elle se prolonge sur les côtés par les ailes formées de deux volants bordés de dentelle et se termine, tout en haut du cône, par une sorte de houppe en tulle. L'ensemble, passe et houppe, est brodé au point de Beauvais selon des motifs assortis. La forme des ailes est obtenue par des plis,

Page de gauche : **Gravure de Honfleur, XIXe siècle, collection de G. de Gardilanne et E. Moffat.**

1

2

3

1. Toile renforcée formant le cône du bonnet rond.

2. Bonnet rond de Domfront, XIXe siècle.

3. Bonnet rond de Beuzeville (Eure), XIXe siècle.

Femme de Domfront, XIXe siècle. Reproductions interdites, droits réservés. EURL André Soubigou Impressions d'Arts, 102, boulevard Kellermann - 75013 Paris.

A droite :
Petite coiffe de Brix.

plats, fins et serrés, appelés « dallots ». Ces ailes s'étalent et s'écartent à l'arrière pour laisser entrevoir le chignon sur lequel la coiffe s'appuie. Un ruban généralement bleu ceinture le hennin, à la base de la houppe ; il se noue à l'arrière. Les deux pans du nœud descendent jusqu'à la nuque. Parfois, un ruban de velours noir, appelé « gorgère », passe sous le menton et retient la coiffe.

Tout comme celle de la bourgeoise, la coiffe de la paysanne du Domfrontais de la fin du XIXe siècle est montée sur un tour conique. Elle est plus simple. Les volants sont plats, dépourvus de plis. La passe et le fond sont brodés. A sa base, est fixé un joli nœud de satin uni ou avec de petits motifs. Les deux pans du nœud retombent le long des ailes. La coiffe paysanne est plus facile à entretenir car elle est dépourvue de plis.

Dans une monographie non publiée, un érudit domfrontais, René Vézard, a décrit minutieusement la coiffe de Domfront, de type bonnet rond. Il clôt son travail par un poème dans lequel il loue la beauté des coiffes. En voici le refrain :

Coëffes de Normandie
Cœurs ! Bonnets ! Bourgognes ! Papillons !
Coëffes bénies de mon pays,
Fiers Hennins.
Je vous aime
Et vous prie.
René Vézard, Paris, 1937

Pour le costume de la paysanne de Brix, il existe de nombreuses coiffes sans armature, de grandeur, de forme et de matières différentes. Elles se portent sur un fond en grosse toile appelé « toque ». Sur la toque, qui peut être portée seule pour le travail, les femmes de Brix et des alentours mettent un serre-tête. Ce dernier est fait d'un ruban noir. Un nœud plat est placé à l'arrière et attaché sous le chignon. Ce nœud soulève gracieusement les petites ailes tuyautées de la coiffe. Elle est confectionnée en toile, plus souvent en percale ou encore en mousseline. Certains fonds sont joliment brodés. Le fond de la coiffe est plissé à cœur et les ailes sont plissées à la paille ou tuyautées.

1

2

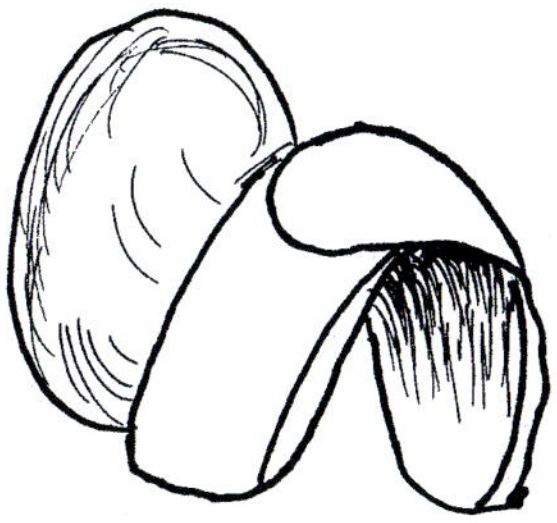

3

1. Coiffe de l'écaillère du Havre, XIXe siècle.

2. Bavolet de Rouen, XIXe siècle, reconstitution.

3. Les pans se replient.

4. Bavolet de Coutances, XIXe siècle.

La barbe se sépare

Les pans, qui se sont allongés, deviennent indépendants et forment une large bande, généralement de mousseline garnie de dentelle. Celle-ci se pose à plat sur la passe, redevenue simple bande de tissu fixée au bonnet. La longue barbe se replie ; les deux pans s'entrecroisent sur le devant : soit, comme pour le bavolet, ils cachent en partie le fond, soit ils sont en plis dits « serviettes ». Un nœud est placé derrière et le devant peut s'orner d'un bijou : pensée ou épingle. Le bavolet a été connu à Granville, mais aussi sur les rives de la Seine ; on trouve des bonnets à plis serviettes à Vire, mais aussi à Rouen.

Dans la vallée de la Seine, dès la fin du XVIIIe siècle, on a rencontré, comme dans beaucoup d'autres régions françaises, des cornettes. Elles ont porté le nom de « bonnets retroussés à frisons ». Les frisons seraient les tuyautages au bord de la bande repliée. Les pans de la cornette gênaient, ils ont été alors relevés et fixés. La façon de les replier indique la provenance de la coiffe. La coiffe de mousseline se pose sur un petit bonnet à un seul volant en partie plissé, comme sur les bonnets ronds, bordés de dentelle. La coiffe proprement dite est fixée sur le bonnet de dessous.

La coiffe dite « petit bavolet » est en mousseline blanche bordée d'une fine dentelle. La mousseline est fixée sur le hennin bordé d'un ruban de soie et d'un velours noir. Le haut du hennin est fermé par un petit bonnet de mousseline. Un ruban de velours maintient la coiffe sur la tête. Un nœud à pans garnit l'arrière du hennin sous le bonnet. Le hennin peut être orné de bijoux : pensée, épingle…

Les femmes de Granville portent la bavolette. Cette coiffe est fixée sur un serre-tête de mousseline brodée qui enferme le chignon. La bavolette de cérémonie est une coiffe de mousseline fine laissant transparaître le serre-tête. Les pans bordés de dentelle sont repliés sur le dessus et encadrent le visage. Les bavolettes de travail confectionnées en toile plus ou moins épaisses sont dépourvues de dentelle.

A Coutances, vers 1820, la coiffe des bourgeoises est appelée « grand (ou petit) bavolet ». Cette coiffe n'est en fait qu'un grand rectangle de mousseline blanche bordée de dentelle fine. La mousseline est fixée sur un hennin bordé d'un ruban de soie et d'un velours noir. Ce hennin est fermé en haut et est garni à l'arrière par un nœud à pans. Ce rectangle de mousseline est plié en plis dits « serviettes ».

4

N.° 99.

Lanté del.t Gatine sculp.t

Costume de Granville.

A gauche :
Papillon d'Avranches.

Femmes de Barfleur, gravure de Lalaisse, lithographie de Charpentier, in *La Normandie illustrée*.

Page de gauche :
Costume de Granville, gravure de Lanté, lithographie de Gatine.

Le fond s'agrandit

Apparition des ailes

Le fond, en s'agrandissant, a besoin d'un support pour être soutenu, mais il reste solidaire de la passe qui conserve une taille modeste ou qui prend des proportions importantes. Dans ce dernier cas apparaissent deux ailes qui encadrent le visage. Il faut alors confectionner une carcasse de carton sur laquelle est fixée une armature de fils de laiton qui soutient un grand fond généralement de tulle brodé. Bien sûr, la courbure de l'armature, sa disposition, son inclinaison, se différencient et l'on peut distinguer la volante de Coutances, le plateau de Valognes, la cloche de Villedieu, le pois de senteur ou le papillon d'Avranches…

On trouve ce type de coiffes dans la Manche. Décrivons quelques exemples :

La volante de Coutances est portée par les bourgeoises vers 1850. Le fond de la coiffe, en tulle finement brodé, est soutenu par une armature. Les ailes de basin finement plissées pour former les arrondis sont bordées d'une large dentelle tuyautée aux angles. Les ailes et le fond sont fixés sur un petit rectangle de mousseline ou de tulle le plus souvent brodé. Un ruban de soie passe devant le fût et forme un large nœud à pans à l'arrière de la coiffe.

A Valognes, la coiffe est appelée « grand (ou petit) plateau ». Elle est en tulle, le fond est brodé et les ailes sont bordées de Valenciennes tuyautée au fer. Le tout est monté sur un hennin rigide et une armature en laiton. Les motifs ornant le fond de la coiffe sont le plus souvent des fleurs et des épis de blé ou du plumetis. Ce fond se compose d'un motif central entouré de sept autres motifs. Le chiffre sept est considéré comme le nombre parfait. Il correspond aux valeurs que représentent le travail, la fidélité, l'amour des enfants, la religion, le courage, le dévouement et la sagesse : la femme doit symboliser tout cela dans son foyer. Un nœud de ruban de soie fleuri enjolive le devant de la coiffe.

Le papillon d'Avranches est un peu différent. Il n'a qu'un petit fond. Ses ailes ne sont en fait que deux rectangles de taille inégale. Ces rectangles sont fixés sur un fil de laiton gainé de blanc lui-même cousu sur le hennin, ce qui raidit les ailes. Celles-ci sont en tulle brodé et bordées de dentelle tuyautée dans les coins.

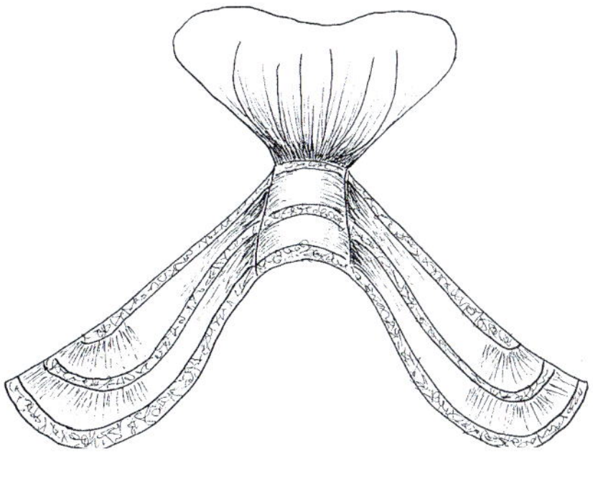

Le fond et les ailes s'agrandissent.

« Femme en grande bourgogne », miniature, collection particulière.

La barbe devient indépendante

Le fond agrandi a toujours besoin de s'appuyer sur une armature. Il reste cousu à la passe modeste, qui s'adapte sur le bonnet en carton. En revanche, une barbe indépendante, souvent une longue bande de mousseline ornée de dentelle, s'applique sur la passe. Les deux pans se relèvent symétriquement, se rejoignent sur le milieu de devant, suivent le mouvement de l'armature et retombent vers l'arrière après avoir été épinglées sur le fond. Généralement, un nœud ou un bouquet s'applique à la « rencontre » des barbes. Un ruban noué agrémente l'arrière de la coiffe.

Plus tard, ce type de coiffe sera qualifiée de « à rencontres » car les barbes couvrant le bonnet, remontent et se croisent ou se « rencontrent » sur le fond. Le fond est en mousseline, en batiste, parfois en tulle. La forme adoptée pour le fond, la disposition des barbes devient spécifique selon la ville, le village et même, dit-on, la paroisse, pour que l'on identifie à sa seule vue d'où vient celle qui la porte. Ce type correspond à certaines coiffes de la Manche, telles que la frégate de La Haye-du-Puits, et plus fréquemment à celles du Calvados comme à Bayeux ou à la bourgogne de Caen.

Voilà, sans doute, l'explication technique : la filiation qui, de la cornette ancienne, amène les grandes coiffes normandes de la première moitié du XIXe siècle, à l'exception du bonnet cauchois. Bien sûr, la filiation technique ne suffit pas à expliquer l'apparition de ces coiffes ; il faudrait étudier avec précision le contexte social et économique. On peut supposer que la conjonction de divers éléments a créé un environnement propre à favoriser ce développement des coiffes jusqu'à leur apogée, vers 1830-1850, et en particulier : l'aisance financière de la bourgeoisie urbaine ou des hobereaux ruraux ; les progrès techniques permettant de fournir des dentelles et des broderies à un prix plus accessible ; l'influence des modes parisiennes sur le goût et la coquetterie des femmes.

Page de droite :
Femme de Bayeux en costume de cérémonie, Hallot, coll. Musée Baron-Gérard, Bayeux.

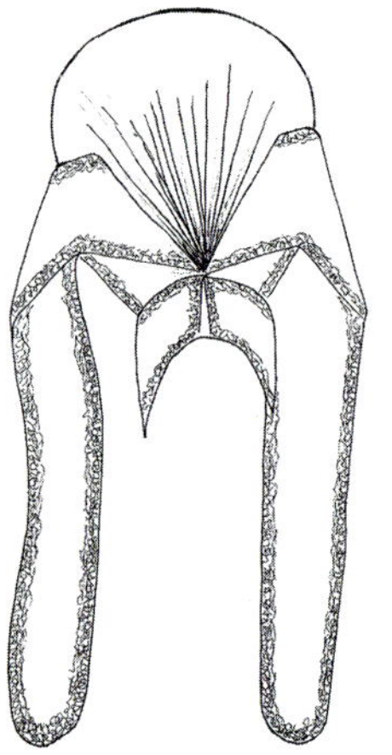

La barbe devient indépendante. Les pans se croisent.

A droite :
Ensemble de coiffes dites « à rencontre », reconstitution.

Bonnet cauchois authentique, début du XIXe siècle, détail des broderies de fils d'or et de paillettes.

Page de gauche :
« Intérieur cauchois », Louis Paradis.
Photo Y. Deslandes. © Musée des Traditions et Arts Normands - Château de Martainville - Le Département de Seine-Maritime.

Le bonnet cauchois

Il semble vain de vouloir rattacher le bonnet cauchois à cette filiation. Sans doute ressort-il d'une autre origine.

Dans *La Normandie illustrée* (déjà cité), Amélie Bosquet observe que la forme de ces bonnets coniques apparus au XVIIIe siècle en Pays de Caux présente une analogie avec la coiffure portée par Marie de Bourgogne, fille de Charles le Téméraire, épouse de Maximilien d'Autriche. « Le bonnet est un cône très haut, et le voile attaché à son extrémité forme deux bandes flottant par-derrière. »

Il s'agit d'un bonnet de soie, de drap d'or ou d'argent, très souvent rebrodé de fil d'or, broderie dont les motifs s'enrichissent de paillettes, de cannetilles ou de verroteries à facettes. Le bonnet servait de support à de longues barbes de mousseline et de dentelle, différemment plissées et disposées d'une façon distincte suivant les localités.

Marguerite Bruneau précise que la soie est apparue au XVIIIe siècle, elle fut même tissée en Haute-Normandie, et, même si elle reste d'un coût élevé, l'effort peut être consenti pour acquérir la petite quantité nécessaire à apporter un peu de fantaisie à cette coiffe.

La coiffe de Saint-Valéry-en-Caux, au début du XIXe siècle, est un bonnet cauchois très simple. Ce bonnet est plutôt petit, en tissu bleu vif bordé de noir. Il comporte une pièce différente à l'arrière, en haut, de couleur claire. Il est porté sur un bonnet blanc qui dépasse bien à plat vers le front, et en volants ou plissés à l'arrière sur le gros chignon.

Dieppe, dont le chignon simule
Un talon d'un soulier de tulle
Se pare
Saint Valéry porte une mître ;
Au Bois d'Ennebourg prévaut ce titre
La Tiare !

Charles Théophile Féret, cité par Georges Dubosc, *Les Coiffes normandes*, 1924

Ci-dessous, à gauche :
Femme de Saint-Valéry-en-Caux, gravure de Lanté, lithographie de Gatine, in *Costumes de femmes du Pays de Caux et de plusieurs autres parties de l'ancienne province de Normandie*.

Bonnet cauchois, coiffe de Limpiville, reconstitution.

La galette sarthoise

Au nord du Haut Maine, les femmes portent la grande galette de mousseline ou de tulle ; elle est très brodée (broderies de Touraine). La coiffe est posée sur une sous-coiffe noire (de même dimension) de satin,

1

2

1. Coiffe sarthoise dite « galette ».

2. Coiffe sarthoise de mariage.

3. Bonnet piqué du Domfrontais.

4. Bonnet piqué du Domfrontais, broderies du fond.

5. Bonnet piqué du Cotentin.

3

4

de soie ou de coton, dans laquelle on a glissé un cercle de rotin ou de viorne pour maintenir l'arrondi. Un galon de jaconas blanc, assez large, resserre la coiffe et se noue, bien tendu, à l'horizontale sur la nuque. Au sud, la galette est tout aussi brodée, mais elle n'a pas de cercle d'osier ; elle est plus petite et agrémentée d'un ruban de soie ivoire que l'on noue sur la nuque à la façon des coiffes tourangelles. Le jour du mariage, la sous-coiffe est blanche. Pour marquer le deuil, un étroit ruban de soie noire entoure la coiffe, sur la passe. L'épingle de coiffe est une perle blanche ou une boule à facettes, ou encore, plus rarement, une petite pensée en or.

Le bonnet piqué

Le bonnet piqué figure parmi les coiffes les plus anciennes. Il est confectionné de plusieurs épaisseurs de toile blanche maintenues par des piqûres exécutées à la main. Ces piqûres successives rigidifient l'ensemble.

5

Il peut être enjolivé de broderies bleues et parfois garni, principalement dans le département de l'Orne, d'un somptueux ruban de satin ou de soie de couleur bleue et blanche à la base du cou et des oreilles, signe de richesse.

Selon la localisation et la forme, on les nomme « béguins » ou « calipettes ». Cette coiffure peut être utilisée seule ou être le support d'une grande coiffe.

Le bonnet de coton

C'est une coiffure qui convient aux femmes, aux hommes et aux enfants. Elle est essentiellement utilisée au travail mais aussi portée la nuit. Le bonnet de coton est souvent blanc mais il peut être également rayé de couleur rouge, bleu, noir. Il est fabriqué à partir d'un tissage tubulaire fermé aux deux extrémités. Au bout d'une extrémité flotte un pompon, appelé « mouquette » dans la Manche. C'est une coiffure simple, commode à mettre et facile à entretenir. Elle permet d'affronter les intempéries.

Costume de Lisieux, gravure de Lanté, lithographie de Gatine. La coiffure est un bonnet de coton.

« A Lisieux, à Caen, et dans beaucoup d'autres villes de la Normandie, les jeunes femmes portent, le matin, des bonnets de coton pareils à ceux des hommes ; non seulement, elles paraissent sur le seuil de leur porte ainsi coiffées mais aussi dans les rues. Les plus élégantes mettent un ruban de couleur. Le bonnet est posé de manière à laisser voir un petit chignon ; la pointe du bonnet, ornée de sa mèche, retombe par-devant. »

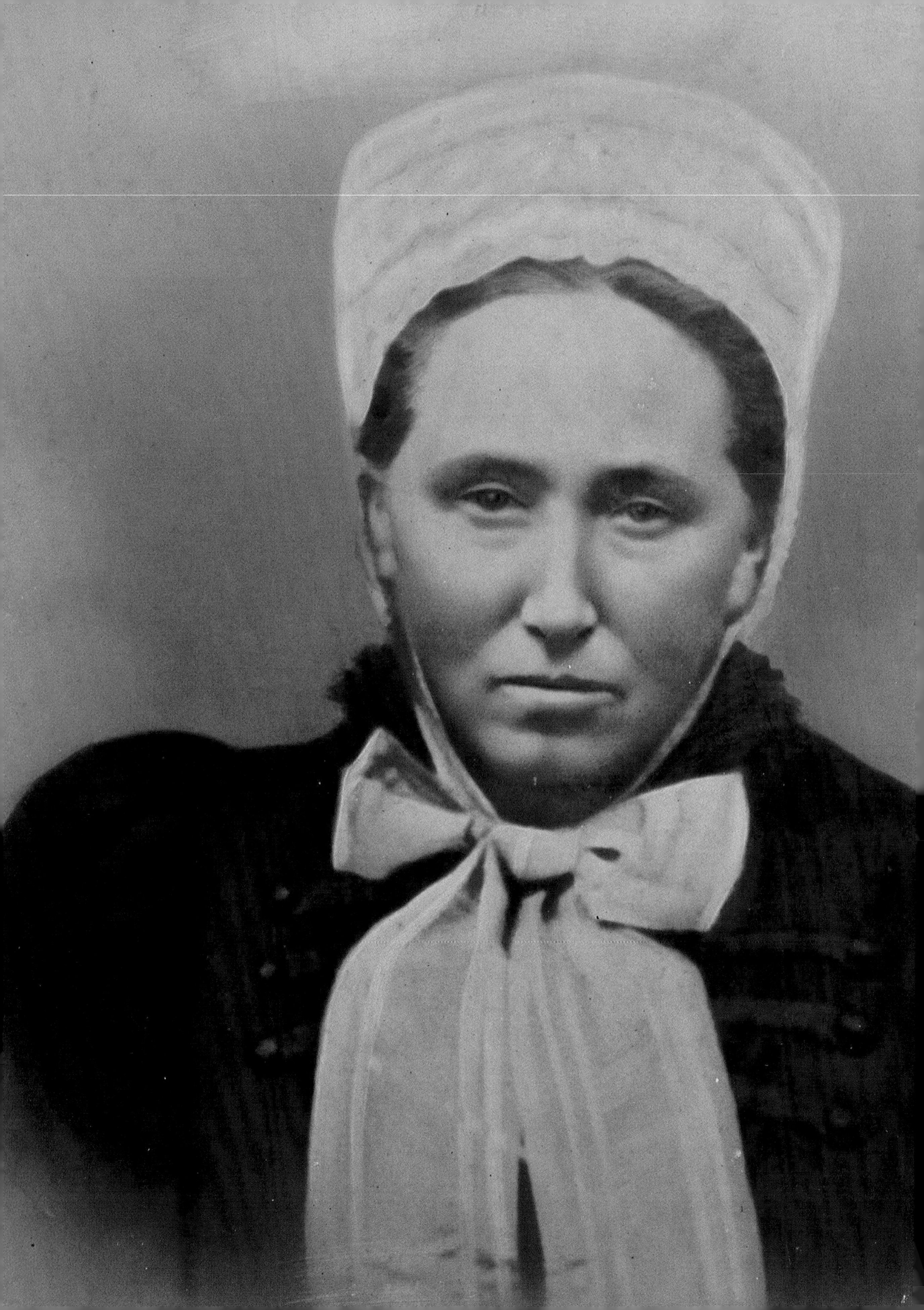

1

2

3

Les coiffes de la fin du XIXe et début du XXe siècle

Les jeunes villageoises du Haut Maine, entre 1860 et 1880, arborent la bise-moi-vite. C'est un magnifique petit bonnet avec un fond orné de broderies fines de Nancy et une passe en Valenciennes plissée ou paillée.

En dehors des circonstances exceptionnelles qui justifient le port de la grande coiffe, les Normandes portent de petites coiffes, des bonnets, qui peu à peu se transforment en bonnettes. Elles sont, elles aussi, brodées et garnies de dentelles, bien que plus modestes.

Dans le Calvados, la bonnette apparaît dès 1830. Après la guerre de 1914, seules les vieilles dames continuent à la porter. Les bonnettes se posent sur la tête les cheveux bien tirés. D'abord, il faut placer une calotte noire et un ruban, noir également, en velours, ayant fonction de serre-tête. Sur cette coiffe de tissu noir, le fond de bonnette est installé, épinglé. C'est généralement une pièce ovale faite de dentelles et de broderies. Ensuite, un nouveau ruban serre-tête de dentelles blanches entoure le fond de la bonnette. Cette pièce se termine, à l'arrière de la tête, par un gros nœud de même dentelle appelé « cocarde ». Enfin, au moins pour la bonnette du Bessin, de Bayeux, de Balleroy ou de Caumont, une fine dentelle repassée en ruché est fixée à l'avant. La bonnette peut aussi s'orner pour des circonstances particulières de la vie. Pour le mariage, elle est décorée de rubans blancs et de fleurs d'oranger. Lors d'un deuil, la veuve la garnit de dentelles noires, de façon plus ou moins importante selon le temps du deuil ou du demi-deuil.

La coiffe de La Hague, vers 1900, est un bonnet tuyauté à trois rangées. A l'occasion du mariage, il est garni de fleurs blanches et de boutons de fleurs entre les tuyaux. Souvent, un bouquet de fleurs est fixé sur l'arrière. Les gorgères, c'est-à-dire les rubans du bonnet, forment un large nœud étalé sur la poitrine.

1. Coiffe du Haut Maine dite « bise-moi-vite ».

2. Bonnette de Bayeux, début du XXe siècle.

3. Bonnette de deuil, Manche, début du XXe siècle.

Page de gauche :
Portrait d'une femme de La Hague, début du XXe siècle.

Fers à coque, boules et fers à tuyauter, XIXe siècle.

Autour de la coiffe

L'entretien

Il va de soi que l'entretien et le blanchissage de ces bonnettes étaient confiés à des repasseuses spécialisées. L'outillage utilisé est particulier : des fers à tuyauter, des petits fers à coques pour aller au fond du bonnet, des pailles de différentes dimensions, et même des métiers à rucher, espèces de peignes entre les dents desquels on entrelace la dentelle amidonnée encore humide pour justement, au séchage, réaliser le ruché. Vers 1880, une repasseuse gagnait trente centimes (le prix d'un kilo de pain) pour repasser et monter une bonnette.

Le chignon

Pour toutes ces coiffes difficiles à porter, de par leur ampleur et leur forme, les Normandes ramassent leurs cheveux longs en un chignon bien serré. Les Normandes aisées se parent d'un faux chignon et prennent plaisir à le choisir d'une couleur différente de leur propre chevelure. En ce qui concerne les Cauchoises, le chignon forme une coque étalée sur le cou entre les barbes de la coiffe.

Incontestablement, les coiffes, en Normandie, ont considérablement évolué au cours du XIXe siècle. Rappelons que la morale imposait aux femmes d'alors de se couvrir les cheveux. Ce fut donc le rôle dévolu aux bonnets, aux serre-tête et aux petites coiffes utilisées aussi bien pour sortir qu'à la maison. Puis, au cours de la première moitié du XIXe siècle, la recherche d'esthétique et la volonté d'affirmer son aisance ont incité les Normandes à arborer des coiffes de plus en plus grandes, de plus en plus enjolivées de rubans, de fleurs, de dentelles, de broderies… Ensuite, sans doute pour des raisons pratiques, peu à peu, les grandes coiffes disparaissent au profit de bonnettes aux proportions plus modestes. Ces dernières seront portées très longtemps. Si les jeunes femmes abandonnent cette coiffure au début du XXe siècle pour adopter les chapeaux, les voilettes, les bibis, les plus âgées gardent leur bonnette, au moins pour les cérémonies, jusqu'à la Seconde Guerre mondiale. Puis vient le temps du prêt-à-porter, des modes imposant l'uniformité, le prêt-à-consommer, le vite usé, et on ne peut alors plus distinguer la Normande d'une autre provinciale, du moins, grâce à sa coiffure.

Page de gauche : **Bonnette de mariage de La Hague, début du XXe siècle.**

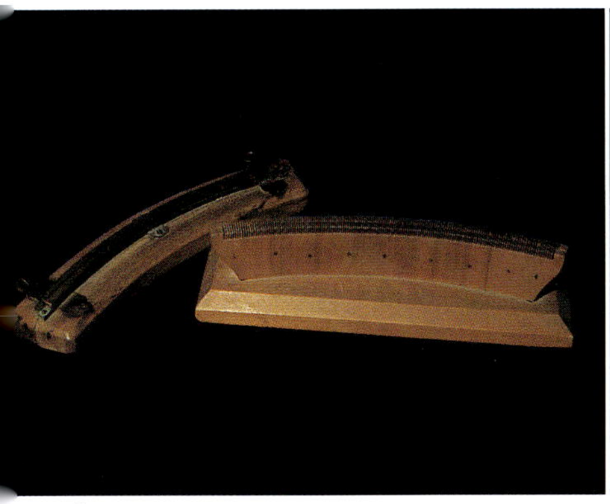

1

2

3

1. Métier à rucher, Bessin, fin du XIXe siècle.

2. Plaque à repasser sphérique. Coll. Musée Baron-Gérard, Bayeux.

3. Peigne pour chignon, fin du XIXe siècle.

Les coiffures des hommes

Les couvre-chefs des hommes normands ont changé selon les époques et selon les terroirs. On en trouve de toutes formes et de toutes matières. Avant la Révolution, la plupart des mentions écrites et des gravures font référence à des chapeaux en feutre à larges bords, et parfois à des tricornes. Gilles de Gouberville, dans son *Journal*, parle peu de ses coiffures. Il note cependant un chapeau de feutre et des bonnets de velours.

Au début du XIXe siècle, les hommes portent encore des chapeaux de différentes formes, feutres hauts de fond et avec petits bords, feutres ronds à larges bords remontés, ou bien plus simplement des bonnets de toile, de laine ou de velours.

Dans les relevés d'inventaires qu'elle a effectués, Marguerite Bruneau compte pour la Haute-Normandie, au XIXe siècle, huit chapeaux et six bonnets dont quatre de coton. Mais, peut-être faut-il penser que les bonnets, réputés de peu de valeur, n'ont pas été systématiquement mentionnés sur les inventaires. La forme du chapeau est rarement précisée.

Chapeaux.

A gauche :
Homme en blaude coiffé d'un bonnet de coton.

« Type normand », homme au grand chapeau, gravure, in *Souvenirs de la Basse-Normandie*, Sinnett Éditeur.

Au quotidien, c'est sans doute le bonnet qui fut le plus usité. D'abord, le bonnet de laine, tricoté, de différentes couleurs : gris, bleu, rouge chez certains marins, mais aussi à rayures. Plus tard, il est en coton blanc. Le port du bonnet se poursuivra tout le siècle, par les hommes et par les femmes. Diverses professions l'adopteront, comme les meuniers ; il servira également de bonnet de nuit, mais aussi de petite coiffe de tous les jours pour les femmes du peuple.

Au début, il est de laine, probablement tricoté à la maison ou du moins localement, puis de coton. Il prendra vraiment son essor avec l'installation complète de l'industrie du tissage du coton en Normandie. Là encore, il y en eut de plusieurs couleurs, puisque parfois on l'appelle le « tricolore » car rayé aux trois couleurs françaises : bleu, blanc, rouge. De forme, il est parfois simple, une sorte de tronc de cône ; ensuite il est double, sorte de long tuyau pointu aux deux extrémités, avec une moitié qui entre dans l'autre ; il est souvent orné d'un pompon : la mouquette.

Les chapeaux ont gardé longtemps la préférence des Normands. Il est possible de mentionner différentes formes : feutres à larges bords, de forme ronde, à fond bombé ou à couverture de cuve. Il peut s'appeler « caudebec » ou à « la française ». Ils sont noirs, mais il est fait mention au moins une fois d'un feutre blanc.

Le tricorne a cependant conservé la faveur de quelques hommes, et il est possible d'en observer sur des gravures. Il est mentionné dans des écrits ou des inventaires, sous le nom de « chapeau à trois cornes ».

Certains hommes travaillant ou vivant à l'intérieur d'une maison, peut-être insuffisamment chauffée, portaient des bonnets ronds, une espèce de calotte, souvent en velours.

Bonnets de coton.

« La noce à mon frère André », caricature, gravure de A. Marsaud, illustration des *Chansons* de Frédéric Bérat.

Puis au fil du siècle, on voit apparaître d'autres coiffures, d'abord le haut-de-forme. Il est assez grand, le fond légèrement évasé, les bords plus étroits, à peine roulés. Il peut être en feutre mais, souvent, il est composé d'une carcasse très rigide recouverte d'un tissu en poils de taupe (taupé) ou de tissus plus ou moins pelucheux, et même parfois de soie. Il peut être noir, gris ou brun. Il est plus répandu en ville qu'à la campagne, où il viendra cependant. La mode en vient de Paris certainement vers 1830. Plus tard, à la fin du siècle, il pourra être moins haut, de forme plus cylindrique, et après encore, on trouvera quelques claques, chapeaux qui, grâce à un mécanisme, peuvent se déplier pour être portés et se replier pour être rangés.

L'été, les travailleurs des champs ont parfois des chapeaux de paille tressée. La tresse est roulée et cousue en spirale pour obtenir la forme. Sans doute, là encore, il s'agit d'une fabrication locale. Souvent les hommes posent d'abord sur leur tête leur mouchoir noué aux quatre coins, comme pour faire une calotte qui stabilise le chapeau et absorbe la sueur. Ce mouchoir noué a d'ailleurs été porté sans chapeau pour se protéger du soleil durant le travail.

Dans le même temps, sont apparues des casquettes, vraisemblablement vers 1830. Là encore on observe différents modèles. La première forme semble être une casquette, à bande pas trop haute, à fond plat ou bombé, parfois à visière de cuir. Puis, la passe s'élève, la casquette est alors appelée « à pont ». Elle est assez haute. Son maintien est assuré par le tissu nervuré de la passe. Elle est en soie, ou en tissu plus rustique de type ottoman. Elle sera très utilisée notamment en ville chez les gens du peuple, bien qu'elle soit d'abord adoptée et par les hommes aisés.

Puis, vers 1860, peut-être, on croise, notamment dans le Cotentin, des casquettes moins hautes, presque plates. Certaines sont garnies d'un pourtour pouvant se rabattre et protéger la nuque, comme à Bricquebec, D'autres sont plus simples, sans pourtour supplémentaire. Elles sont en drap, en laine ou en feutre. Maupassant en décrit même une en peau de lapin.

« Les hommes devenaient graves en approchant du repas. Les uns, les riches, étaient coiffés de hauts chapeaux de soie luisants, qui semblaient dépaysés en ce lieu, les autres portaient d'anciens couvre-chefs à poils longs qu'on aurait dits en peau de taupe, les plus humbles étaient couronnés de casquettes. »

Guy de Maupassant

1

2

1. Chapeau claque.

2. Casquette à pont en soie, XIXe siècle.

3. Petit capet du Cotentin, fin du XIXe siècle.

A la même époque, toujours dans le nord du Cotentin, apparaît un chapeau, de taille modeste. Il est de feutre noir, assez plat avec des bords arrondis, fabriqué aussi bien à Brix qu'à Valognes ; c'est le petit capet, dont il existait, selon le Dr Chauvet, deux modèles. Il sera adopté par tous, notamment par Alfred Noël, poète patoisant valognais. On peut d'ailleurs se demander si l'appellation « p'tit capet d'Brix » n'est pas due à la notoriété que ce poète apporte au couvre-chef :

Bouonn's gens, si vous fait envie
Tcheu L'courtois ou tcheu Pasquet
Vous trouv'rez des p'tits capets d'Brix
Parels à man p'tit capet.
Alfred Noël, chanson, 1910

Pendant ce temps, en d'autres lieux, de Basse-Normandie, de Haute-Normandie et du Maine, le chapeau melon a la faveur de nos ruraux les jours de cérémonie, ou simplement pour « sortir », aller à la ville, au marché.

3

C'est un feutre noir, rigide, de forme bombée, aux bords arrondis. Son usage est très répandu à la fin du XIXe et au début du XXe siècle. Il coexiste avec le chapeau haut de forme déjà évoqué ci-dessus. Enfin, le canotier, en paille, est parfois utilisé l'été, vers 1900. Son usage semble pourtant être réservé à certains milieux aisés, influencés par la mode des villes.

Les sous-vêtements

Les sous-vêtements féminins

Comme pour le costume, les sous-vêtements sont fonction de la condition sociale des femmes et de l'évolution de la mode.

La pièce essentielle est la chemise. Elle est utilisée le jour pour le travail, et la nuit comme chemise de nuit. Dans les familles pauvres, c'est le seul sous-vêtement. On porte parfois deux chemises l'une sur l'autre ; la plus usagée directement sur la peau, la plus neuve, et donc rugueuse, par-dessus : il faut lui donner le temps de devenir plus souple et plus agréable au contact. La chemise, comme toutes les pièces du costume, a évolué selon les modes, les possibilités financières des familles et les années. Les chemises de grosse toile en chanvre ou en lin aux formes géométriques très simples (rectangulaires, carrées, triangulaires) sont vraisemblablement les plus anciennes. L'évolution de ces chemises va se faire au cours des décennies. D'abord en ce qui concerne la matière, la toile grossière et rêche va devenir plus souple. Avec les toiles plus fines, les chemises se font plus confortables. L'encolure se modifie. La fermeture du col par un simple nœud de tresse de coton est remplacée par une patte avec des boutons. Les manches sont plus ajustées. Des plis décoratifs donnent de l'aisance. Les chemises sont souvent garnies de dentelle. De vêtement de travail, la chemise est devenue un sous-vêtement. Parfois sans manches, elle est brodée et agrémentée de dentelle.

Si la chemise est une pièce du costume que toutes les femmes ont portée, la **culotte fendue**, encore appelée « culotte à viquet » dans notre région, n'a pas été aussi répandue. Son utilisation s'est étalée dans le temps, selon les catégories sociales et la richesse des personnes. Cette richesse se traduit également dans la finesse du tissu employé, dans les motifs de broderies ou *dans* le choix des dentelles qui ornent les bas de culottes. Ces culottes sont longues et descendent au-dessous du mollet. La ceinture en deux parties

Chemise de toile et tablier de coton.

Page de gauche : **Jupons de couleur.**

Culotte ouverte dite « fendue » ou « à viquet », fin du XIXe, début du XXe siècle.

Page de droite : **Chemises d'homme en lin ou chanvre, XIXe siècle.**

est fermée sur les hanches par des boutons. Le bas des jambes est droit et garni d'une fine dentelle. Un ruban de satin glissé dans un trou-trou permet de resserrer le bas de la culotte. Mais l'on trouve également des volants festonnés ou bien froncés et garnis de dentelle. Au fil du temps, la longueur des jambes diminue sur certains modèles, et la fabrication se simplifie : il n'y a plus de fronces, une simple dentelle sert de garniture. Une ceinture fermée par un seul bouton dans le dos apporte quelques modifications dans la confection du vêtement. Les garnitures de dentelle restent les mêmes.

Sous leur jupe, les Normandes portent au moins un jupon, quelquefois plusieurs suivant la saison, le plus souvent en toile blanche fine pour le dimanche ou plus épaisse pour le travail. Le jupon de travail est en coton de couleur, rayé, uni, fleuri ou à carreaux dans le haut Maine, en pilou ou en finette dans le Pays de Caux. Les jupons du dimanche ont des volants froncés. Ils sont garnis de broderies blanches, de dentelle au crochet ou aux fuseaux ou bien encore de petits nœuds en ruban de satin, et ils présentent généralement plusieurs plis. Les jupons sont montés sur une ceinture avec une fermeture (bouton, bride ou boutonnière) ou par une coulisse. Dans les deux cas, les plis fixés à l'arrière soutiennent les plis de la jupe. L'hiver, les paysannes portaient parfois en dessous des jupons tricotés en laine du pays ou en coton. Vers 1900, à l'époque des jupes ou des robes noires, un jupon en moire noire est ajouté sur le jupon blanc. Les jupons blancs sont bien empesés pour soutenir la jupe. Dans certaines régions, comme le Valognais, le jupon est appelé « craquette », car on entendait un craquement à chaque pas.

Les sous-vêtements masculins

Pour tout sous-vêtement, les Normands du XIXe siècle ne portent guère que la chemise. Le caleçon sera utilisé bien plus tard et, sans doute, démocratisé d'abord par les soldats durant la guerre de 1914-1918. Les chemises ont de longs pans que les hommes ramènent entre leurs jambes, et cela suffit à protéger leurs attributs virils. Au coucher, la même chemise devient vêtement de nuit. Les chemises de travail sont en grosse toile rêche à base de chanvre ou de lin et possèdent toutes un pied de col. Quant à la chemise du dimanche, elle est confectionnée dans une toile plus fine de chanvre, de lin ou de coton. Un faux col amidonné, voire glacé, est fixé sur le pied de col par des boutons. Un plastron plissé, parfois brodé, agrémente le devant de la chemise fermée par des boutons nacrés. Il existe des chemises dont les deux morceaux du devant présentent des boutonnières. Elles sont alors fermées par des boutons reliés par une chaînette et, bien souvent, ceux-ci retiennent en même temps le jabot indépendant plissé ou tuyauté. Cette longue chemise est nantie de manches bouffantes resserrées aux poignets par des petits plis debout. Les poignets sont fermés soit par des boutons de nacre, soit par des boutons de manchettes. L'hiver, pour avoir plus chaud, les hommes mettent, sous la chemise, une camisole tricotée en laine de pays.

Tout autant que les vêtements, et peut-être plus encore, les bijoux sont le reflet d'une société, où se côtoient riches et moins riches.

Avant la Révolution, le bijou demeurait l'apanage de l'aristocratie. Puis il deviendra l'insigne de ceux qui auront acquis une certaine aisance matérielle en ce début du XIXe siècle. Il est ainsi élément de luxe.

Cependant, il faut observer que le bijou est presque toujours un élément symbolique chargé d'un lien affectif entre deux personnes ou entre une personne et un événement important de sa vie. Dans notre région, ces événements ont souvent à voir avec la religion : naissance, baptême, communion, fiançailles, mariage. Ils symbolisent fréquemment ce que les ethnologues ont appelé les « rites de passage » : la communion, passage de l'état d'enfant à celui de jeune adulte (au XIXe siècle, les jeunes occupaient leur premier travail vers douze ans, parfois plus tôt) ; le mariage, passage de l'état de célibataire à celui d'adulte marié ; la naissance d'un enfant, qui vous promeut à l'état de parents. Toutes ces étapes sont souvent marquées par l'offrande d'un bijou : croix ou saint-esprit, symboles religieux, bagues de foi, anneau de mariage ou montre de première communion. Au XIXe siècle, en Normandie, se développe un style de bijoux normands, avec des caractéristiques qui les identifient assez clairement comme venant de notre région. Enfin, si la plupart des pièces connues de nos jours représentent des signes ostensibles d'une certaine richesse, il a aussi existé des bijoux plus modestes, en

« Dame du Bessin coiffée de la grande bourgogne », Panchet dit « Bellerose », XIXe siècle, Mairie d'Isigny-sur-Mer.

Page de gauche : **Sautoir et montre avec le coulant rétrécissant la chaîne et la broche fixant la montre au châle.**

métaux moins précieux mais qui restent cependant comme des empreintes de notre région à cette époque. Nous allons donc, sans prétendre à l'exhaustivité, présenter ci-dessous les bijoux qui nous ont paru les plus typiques.

Les bijoux féminins

De tous les bijoux, les premiers que l'on voit, car portés sur la poitrine des femmes, sont les croix et les colliers.

« Pendant que son mari et le curé buvaient, elle se tenait, grave et sans boire, soutenant son coude droit dans sa main gauche, et jouant pensivement avec sa jeannette, la croix surmontée d'un gros cœur d'or qu'elle portait attachée à son cou par un ruban de velours noir. »

Jules Barbey d'Aurevilly, *L'Ensorcelée*, 1854

1

2

3

Les croix

La **croix Jeannette**, en or, en argent, en pomponne ou ornée d'émaux, est le plus souvent portée avec un petit ruban noir ou une chaîne. Elle peut être surmontée d'un cœur qui forme coulant, ce qui permet de positionner le bijou.

L'intersection des branches de la croix est généralement ouvragée : soit ciselée ou bosselée, soit émaillée. L'un des thèmes illustré en émail assez fréquent, et que nous pourrons aussi observer sur des bagues, représente un rébus : une fleur, une pensée, avec parfois en dessous une inscription « A MOI ». On comprendra alors le message, très symbolique, d'un amoureux à sa promise.

Fleuronnées, ajourées et dentelées, les **croix normandes** sont fréquemment garnies de petites pierres, dites « strass », en verre incolore, souvent taillées à la façon diamantaire et fixées sur un fond de nervures en étoiles. Ces croix sont généralement composées de deux pièces articulées. Un crochet dissimulé derrière le sommet de la croix permet de passer un étroit ruban noir. La croix normande est une véritable dentelle de joaillerie constellée de pierreries. Cela lui confère un cachet artistique original et harmonieux. Elle est souvent appelée croix « cadrille » ou « quadrille ».

La **croix de Saint-Lô**, en argent ou en or, appelée aussi « quadrille », est légère et gracieuse. Parfois surmontée d'un cœur fleuri ou d'un nœud, elle est fort répandue à la campagne. Elle est attachée au cou par un ruban étroit. A la fin du XVIIIe et au début du XIXe siècle, elle fut fabriquée à Saint-Lô, puis ultérieurement dans plusieurs villes du Calvados. Elle se compose d'une base en métal moulé, ce qui lui donne cet aspect de dentelles, sur laquelle des pierres, des strass, plus ou moins gros, sont sertis. La technique de moulage utilisée consiste à sculpter un décor dans un os de seiche, puis à couler le métal en fusion dans ce moule.

La **croix de Rouen** est aussi une croix à pierres. Elle est souvent en or, très fine, telle une dentelle d'or ornée de strass. Elle est parfois surmontée d'un passant du même style pour régler la longueur du ruban. La technique de fabrication est différente des croix précédentes ; l'orfèvre partait d'une plaque d'or, travaillée et ajourée par perçage. Puis, des griffes de sertissage étaient soudées afin de recevoir les strass.

4

5

1. Croix Jeannette ornée d'émaux, surmontée d'un cœur en or, XIXe siècle.

2. Croix Jeannette avec pendant en argent, XIXe siècle.

3. Croix Jeannette en or, XIXe siècle.

4. Croix normande en argent garnie de strass, XIXe siècle.

5. Croix de Saint-Lô en argent, XIXe siècle.

6. Parure : croix de Rouen et ses boucles d'oreilles, XIXe siècle.

6

Croix Bosse avec son cœur en or, XIXe siècle.

A droite :
Saint-Esprit en argent avec des strass, XIXe siècle.

Page de droite :
Saint-Esprit avec grappe et nœud articulé, XVIIIe siècle.

La **Croix Bosse**, en or, en argent ou en métal argenté, est très particulière. On s'accorde généralement sur le fait que sa période principale de fabrication est antérieure à la Révolution. Cela en ferait la première croix articulée. Elle est composée de deux fines empreintes d'or réunies par estampage. Elle est donc creuse, parfois remplie de matériaux divers qui ont dû servir à la mise en forme : papier, plâtre... Toutes les pièces de ces croix sont en volumes creux, d'où leur nom. Elles peuvent parfois être surmontées d'un cœur, creux également, en bosse.

Le **Saint-Esprit**, comme la **croix**, est un bijou religieux. Il est ainsi nommé car il représente une colombe descendant du ciel vers la terre et portant, fréquemment, un rameau orné de pierres blanches ou de couleurs. Il est en argent ou en or, et comprend deux parties : l'une fixe et l'autre mobile. Les deux sont réunies par une agrafe et suspendues au cou par un étroit ruban noir. La partie mobile est donc la colombe plane aux ailes déployées, représentative du Saint-Esprit, emblème de la douceur et de l'amour. Le corps de la colombe scintille des feux des strass plus ou moins gros et, parfois, de pierres de couleur rouge, verte ou bleue. La partie fixe est le plus souvent un nœud orné de strass. Le Saint-Esprit semble avoir été en vogue au XIXe siècle, pas seulement en Normandie. Certains folkloristes ont cru pouvoir affirmer que les croix étaient des bijoux catholiques et les Saint-Esprit des bijoux protestants. Le nombre de Saint-Esprit retrouvés est bien important pour un bijou dont l'usage aurait été réservé aux seules dames protestantes. Par ailleurs, dans la tradition catholique, la colombe a toujours été un symbole de pureté et, lorsqu'elle apporte le rameau d'olivier à l'arche de Noé, elle devient symbole de paix, d'harmonie et de bonheur. Dans une acception plus païenne, la notion de pureté s'associe à l'amour charnel ; la colombe, oiseau d'Aphrodite, symbolise l'accomplissement amoureux que l'amant offre à son aimée. La colombe figure sur l'insigne porté par les membres de l'ordre du Saint-Esprit fondé au XVIe siècle par Henri III pour les seuls catholiques. Il semble cependant que les protestantes l'aient préféré aux croix.

Collier d'Yvetot, XVIIIe siècle.

A droite :
Esclavage avec plaques émaillées représentant des pensées, XIXe siècle.

Les colliers

Les bijoux précédents, croix ou Saint-Esprit, se portent accrochés à un ruban de velours ou de soie, puis une chaîne plus ou moins ouvragée a été utilisée pour remplacer le cordonnet. Dès lors, on peut parler de colliers. Les plus remarquables au début du XIXe siècle, en Normandie et surtout en Haute-Normandie, sont sans doute les colliers à pierres.

Des **colliers à pierres** ont été retrouvés aussi bien en Haute qu'en Basse-Normandie. La forme principale se compose d'une chaîne formée avec des éléments plus ou moins richement ornés de pierres, d'une bélière centrale à laquelle est rattachée une autre chaînette pendante terminée par une croix ou un Saint-Esprit. En Haute-Normandie, des colliers à pierres sont nommés « colliers d'Yvetot », ce qui, vraisemblablement, témoigne de la fréquence de ce type de collier dans cette région. Parfois, pour fixer le collier, il est nécessaire de prolonger la chaîne par un ruban étroit ou un cordonnet.

L'**esclavage** est autre type de collier. Il se compose de plusieurs chaînes ou jaserons attachées à un, trois ou cinq médaillons souvent ovales, plus rarement rectangulaires en or gravé ou émaillé. Il s'agit d'un bijou prisé des Normandes, mais aussi des Poitevines et de femmes d'autres provinces. A chaque nouvelle naissance, la mère fait ajouter une chaîne ou un médaillon supplémentaire. Au début du XIXe siècle, les premiers esclavages n'ont qu'un médaillon, peut-être même qu'initialement ce ne sont que deux chaînes différentes de mailles, attachées par un fermoir décoré. Barbey d'Aurevilly, parle de « bijou consistant en deux bracelets attachés par une chaînette ». Ultérieurement, deux plaques, puis quatre, sont ajoutées au médaillon central. Une chaîne de base, de type jaseron, supporte les médaillons, puis des chaînettes plus fantaisie sont ajoutées. Les bijoutiers normands qui montent ces esclavages selon les souhaits des dames se fournissent en plaques et chaînes auprès de fabricants parisiens.

Petites dormeuses en or, fin du XIXe siècle.

Les sautoirs

Plus tardivement dans le XIXe siècle, il arrive que les Normandes aient une montre. Elles l'accrochent fréquemment à une grande chaîne portée autour du cou et pendante sur la poitrine.

La **montre** ouvragée**,** en or ou en argent, de type oignon, est attachée à un **sautoir** assorti. Un coulisseau, placé sur le long sautoir, resserre celui-ci et évite qu'il s'emmêle ou qu'il s'accroche. La montre est fixée au corsage par une broche munie d'un crochet sur lequel s'adapte la bélière de la montre. Il semble que les montres ornées d'un coq à l'intérieur aient été fort prisées.

Les **bracelets**, certainement moins courants que les colliers, existent pourtant. Ils peuvent être en or ou plaqué, en argent, et parfois en cheveux ou en crins. Ils sont parfois souples, parfois rigides, de type jonc ou tors. Enfin, on en trouve qui sont ornés d'une pensée gravée sur le bijou ou émaillée sur une plaque faisant fermoir.

Les **chaînes de cou** sont portées aussi par les villageoises du Haut Maine.

Lorsqu'un fiancé, de quelque aisance, offre des bijoux à sa promise, c'est souvent une parure, c'est-à-dire le collier, les boucles d'oreilles et la bague.

Les **boucles d'oreilles**, en or ou en argent, peuvent être ornées d'émaux. Il semble bien que les Normandes aient toujours porté des anneaux quelle que soit leur fortune. Rappelons que ces anneaux, dans la tradition populaire, sont censés améliorer la vue ; peut-être est-ce dans ces vertus thérapeutiques qu'il faut chercher la raison de leur vogue. Car

Bracelet en argent avec pierres, fin du XIXe siècle.

Boucles d'oreilles assorties au Saint-Esprit, en argent, XIXe siècle.

A droite :
Longs pendants d'oreilles en or et émaillés, XIXe siècle.

« Je lui ai donné mes pendants d'oreilles, ma jeannette d'or, mon esclavage, mon épinglette et de l'argent, et de tout, je lui aurais donné de mon sang. »

Gustave Flaubert, *Un cœur simple*, 1877

les femmes arborent des anneaux, les toutes jeunes filles se font percer les oreilles et les garnissent de petits anneaux, dans l'attente des grands ; les hommes du littoral en portent également. A côté de ces anneaux, les Normandes les plus aisées affectionnent les boucles assorties aux colliers. Il en existe de différentes sortes, plus ou moins longues.

On trouve ainsi :

– des pendants d'oreilles travaillés comme les croix de Saint-Lô, en métal moulé garni de strass ;

– des pendants d'oreilles en or creux, sur le principe de la croix Bosse ;

– des pendants d'oreilles de même facture que les croix de Rouen, en or repercé ;

– des pendants d'oreilles en forme de Saint-Esprit ;

– des pendants à chaînettes, type jaseron, et plaque émaillée, dans l'esprit de l'esclavage ;

– des pendants d'oreilles en cheveu tressé.

En Normandie, les boucles d'oreilles sont parfois si petites que l'on peut dormir sans les retirer ; on les appelle alors « dormeuses ».

La **bague** est un autre bijou très apprécié. On en trouve de plusieurs sortes. Les alliances sont généralement de simples anneaux en or ou en argent, parfois faites de deux joncs torsadés ; on les appelle alors des « tors », ou « teurs ».

Les bagues dites « Foi », ou « Foy », sont les bagues d'engagement, de fiançailles ou d'accordailles. Mentionnons les types plus courants :

– Les bagues ornées de deux cœurs accolés. Elles sont généralement agrémentées de petites pierres. Les cœurs peuvent eux-

mêmes être en pierre (grenats) ou en métal, en or ou en argent.

– Les bagues dont le motif figure deux mains jointes.

– Les bagues à décor émaillé. Sur l'anneau est fixée une plaque émaillée, avec un mot « Pensez à moi » ou « Souvenir » ou, représentant parfois une pensée, un rébus signifiant « Pensez (à moi) ».

Il existe aussi des bagues plus classiques ornées d'un cabochon en or creux, parfois garnies de pierre. Les bagues dont l'anneau est en cheveu tressé ont généralement une plaque émaillée en guise de décor.

Les bijoux en cheveux ou en crin

La pratique n'est certes pas spécifiquement normande, mais il fut un temps où les femmes vendaient leur chevelure, soit pour fabriquer des perruques, soit pour tresser des bijoux.

A. Canel, dans *Histoire de la barbe et des cheveux en Normandie*, écrit : « Il se fait encore, en Normandie, des abatis complets de chevelures féminines. [...] Avant 1830, la plus belle toison était payée, dans la Manche, par un misérable mouchoir rouge et blanc, de fabrique rouennaise, ce qui n'empêchait pas l'affluence des visiteuses auprès de l'homme aux ciseaux, pour qui était le véritable profit. "J'ai vu, disait un jour de marché à M. Julien Travers un des aubergistes de cette bourgade –, j'ai vu tondre à ma porte plus de têtes qu'il n'y en a tout à l'heure dans Saint-Hilaire." »

La Normandie semble avoir été, au début du XIXe siècle, la province fournissant le plus de cheveux. Avec ces cheveux, toutes sortes de bijoux ont été réalisées : des colliers, des bracelets, des bagues, des croix et aussi des boucles d'oreilles. Les cheveux sont tressés serré, puis les chaînes ainsi obtenues sont montées avec des fermoirs en métal précieux, des plaques émaillées, etc. Des boucles d'oreilles ont également été tressées en forme de goutte creuse. Hottot-les-Bagues, petit village du Calvados, doit son nom et sa réputation à cette activité. Environ deux cents personnes, avant la Révolution, y tressaient des bijoux en crin ou en cheveux, notamment des bagues.

1. Bague Foy, en or, cœurs accolés avec pierres, XVIIIe siècle.

2. Bracelet en crin tressé, fermoir en pomponne orné d'une pensée, XIXe siècle, Basse-Normandie.

3. Pendants d'oreilles en cheveux, en forme de goutte, XIXe siècle, Basse-Normandie.

1

2

3

1. Epingle de coiffes à facettes, en or, fin du XIXe siècle.

2. Agrafes de capes, en or, XIXe siècle.

3. Agrafes de capes, en argent, XIXe siècle.

Page de gauche :
Epingles de coiffes pensées, pétales en or filigrané, XIXe siècle.

L'**épingle de coiffe**, en or, est le plus souvent une boule à facettes. L'aiguille est carrée, torsadée en son milieu et pointue à son extrémité. Il en existe de différentes tailles. Elles peuvent parfois être réunies par deux, reliées par une petite chaînette. Plus tard, certaines épingles, utilisées pour les bonnettes, présentent une tête sphérique et une tige droite. Dans le Haut Maine, les villageoises mettent des épingles de coiffe en or ou en perles noires ou blanches. Une épingle d'un type particulier a aussi été utilisée. Il s'agit d'une épingle en forme de pensées. Généralement en or, elle présente souvent un cœur émaillé, orné de pétales en filigranes et d'une ou deux feuilles pleines. Pour d'autres, le cœur est fait d'un assortiment de pierreries superposées.

Les **agrafes**, en argent, permettent de fermer certains mantelets et certaines capes ou visites, voire les châles noirs du début du XXe siècle. C'est un bijou très populaire et, pour les Normandes les plus modestes, c'est souvent le seul bijou. L'agrafe est un bijou très ancien, qui remonte à l'Antiquité. C'est, en fait, une évolution de la fibule. Les agrafes sont composées de deux parties au décor identique, l'une est munie d'un crochet qui entrera dans une sorte de melle dont l'autre est pourvue. Elles sont en métal, repoussé et ciselé, en argent ou autre. Au centre de chacune des deux parties, il se trouve généralement une sorte de cabochon rond.

1

2

1. Broche ouvragée en ivoire, XIXe siècle.

2. Châtelaine.

Page de droite :
Broches, fin du XIXe siècle.

Les **broches** sont en or ou en argent et de tailles différentes. Dans la première moitié du XIXe siècle, très caractéristiques, les **pensées** sont les broches parmi les plus répandues en Normandie. On les porte sous forme d'épingles sur les coiffes, et sous forme de broches sur les châles. Dans la région de Dieppe, il s'est fabriqué des broches en ivoire finement sculpté. Au XVIIIe siècle, on a pu compter jusqu'à douze maîtres ivoiriers et deux cent cinquante ouvriers. La production est importante, le travail est fin et, parmi de nombreux autres objets, des broches ont été sculptées.

A la fin du XIXe siècle apparaissent des broches en or ou en argent, représentant souvent des motifs floraux, insérés dans des formes géométriques. Parfois une ou deux perles sont serties au centre.

Enfin, vers 1880 des bijoux, sautoirs, colliers, broches en jais, ou jayet, vont être à la mode. Les Normandes de la bourgeoisie en porteront beaucoup ; même les toilettes seront ornées de perles de jais cousues. Le jais est une lignite noire, parfois remplacée par des perles de verre noir, taillé et poli. Cependant cette mode ne peut être considérée comme régionale. Flaubert parle de « sa robe en brocart d'or, divisée régulièrement par des falbalas de perles, de jais, et de saphirs ».

Les châtelaines, crochets à ciseaux

Ce sont des bijoux de vêtements dont l'origine est sans doute fort ancienne. Elles se composent généralement d'une lame plate, recourbée, formant crochet que l'on passe à la ceinture. La partie visible de ce crochet est plus ou moins décorée. A cette plaque, sont accrochées des chaînettes terminées par des mousquetons auxquels on attachait les clefs, les ciseaux, les montres, etc.

Les **boucles de chaussures**, le plus souvent en argent, parfois ornées de pierres, sont fixées sur un nœud d'étoffe noir. Elles garnissent la chaussure. Il en existe également en métal plus ordinaire.

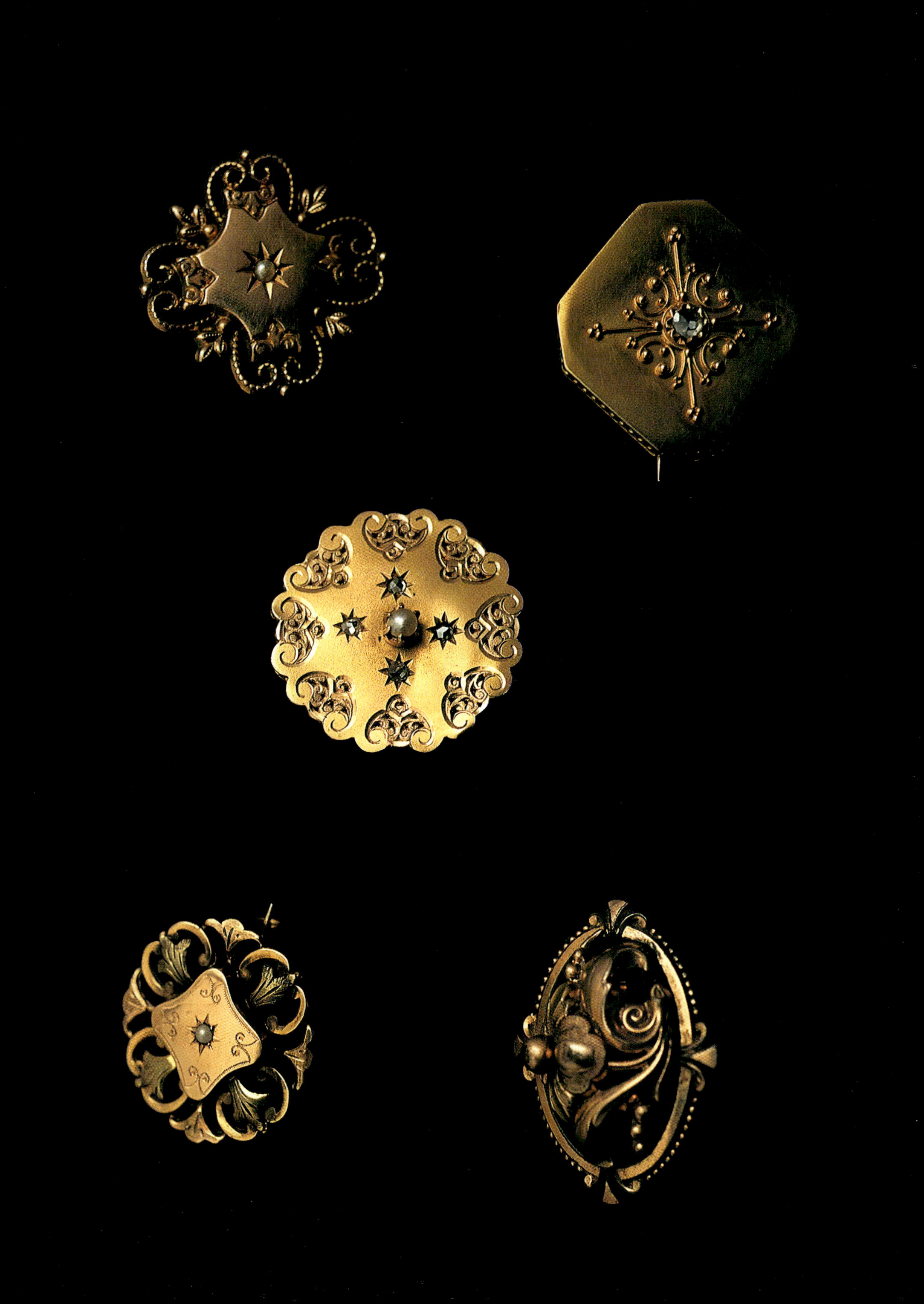

Châtelaine d'homme en or, XIXe siècle.

1. Bague d'homme en or.

2. Parure de boutons de manchettes, col et plastron.

3. Attaches de blaude en argent.

4. Boucles de chaussures d'homme en argent, début du XIXe siècle.

Page de droite :
5. Epingles de cravates, début du XXe siècle.
6. Montres à gousset d'homme.

Les bijoux masculins

Les **alliances** sont, généralement, de simples anneaux en argent ou en or, parfois faites de deux joncs torsadés.

Les hommes portent quelquefois des chevalières en or, ou autres métaux moins précieux, garnies d'une plaque gravée à la pensée.

Les **épingles de cravate** apparaissent avec la mode des cravates larges, lavallières ou cravate nouée avec un gros nœud. Elles sont épinglées au centre du nœud. Il en existe de très nombreuses formes, selon la mode, la période et les techniques de fabrication. Elles sont en or, en argent, en perles ou en émail.

1

2

3

4

Les **boutons de manchettes, de chemise et de col**, en or, en or niellé, en argent ou en nacre, permettent de fermer les manchettes, de maintenir le col ou la chemise et le jabot. Il en existe des doubles pour les chemises reliées par une chaînette ou par un mécanisme composé de deux barrettes réglables. Ils sont vendus seuls, à la pièce ou sous forme d'ensembles.

Les **boucles ou agrafes de blaudes** peuvent être en argent ou en métal argenté. Elles se composent de deux petites plaques décorées souvent de motifs floraux, reliées par une petite chaînette.

La **montre à gousset**, en or, en argent ou en métal plus ordinaire, est retenue au gilet par une chaîne de montre. Les chaînes sont en or, en argent, voire ornées avec des émaux. La chaîne est généralement attachée à la boutonnière du gilet et la montre se glisse dans la poche gousset. D'autres chaînes de montre ont la forme d'une châtelaine.

Les **boucles de chaussures**, le plus souvent en argent, sont fixées sur un nœud d'étoffe noir. Elles garnissent la chaussure. Elles existent aussi en étain ou en acier.

Les **boucles de jarretières** ferment le bas de la culotte. Elles sont de même type que les boucles de chaussures, mais plus petites.

L'**anneau** est accroché à l'oreille percée des marins-pêcheurs pour, dit-on, améliorer la vue. Certains anneaux sont garnis d'un décor sculpté figuratif.

5

6

Bellangé

Les accessoires du costume

1

2

3

Les accessoires du costume féminin

Les **mitaines** sont des gants particuliers, ne couvrant que les premières phalanges des doigts, ou aucune, hormis celle du pouce. Elles sont crochetées ou tricotées en coton, en laine ou en soie. Suivant la vêture, elles s'arrêtent aux poignets ou couvrent l'avant-bras. On dit que celles des jeunes filles étaient blanches et celles des femmes mariées étaient noires.

Les **bas** sont généralement de coton blanc, fin, ou alors de laine grise ou écrue (laine de pays). Ils sont tricotés à la veillée. Ils sont tenus par un ruban ou une jarretière. Sur les gravures de Gatine et Lanté représentant des femmes des environs de Dieppe, on peut observer que celles-ci portent des bas brodés d'une fine baguette de couleur à la hauteur de la cheville.

Les **peignes à cheveux** servent à fixer le chignon. Ils sont souvent en écaille, parfois finement ouvragés, mais peuvent aussi être en fer.

La mode du **châle** cachemire commence au XVIIIe siècle, puis s'étend sur tout le XIXe. Primitivement, il est importé des Indes, tissé avec du poil de chèvre dans la province dont il porte le nom. Ces grandes pièces de tissu sont d'abord utilisées comme couvertures, puis comme châles. Ils sont alors brodés ou à décors tissés. En raison de leur cherté, ils sont l'apanage des femmes fortunées. Ensuite,

1. Mitaines, bourgeoisie, fin du XIXe siècle.

2. Bas de couleur en coton.

3. Bas blancs en coton.

Page de gauche : **Pêcheur et femme du Polet, gravure de Silbermann, in *La Normandie* de Jules Janin, 1844. Sur sa jupe, la femme porte des poches.**

1

2

3

des imitations sont fabriquées en France à la toute fin du XVIIIe siècle, notamment grâce aux nouveaux métiers avec lesquels la laine de mérinos put être tissée aussi finement que le cachemire. Puis, vers 1815, les progrès techniques permettent de réaliser des impressions sur laine. Au milieu du XIXe siècle, les châles en cachemire sont de très grandes dimensions ; ils sont alors portés comme capes. Ils sont à la mode dans toutes les régions de France. Ils sont imprimés par report quatre fois d'un motif couvrant le quart du châle, symétriquement autour d'une partie noire unie réservée au centre. Dans son évolution, le châle cachemire assure deux fonctions : d'une part, il sert à couvrir et à protéger du froid ; d'autre part, pièce du costume bien visible, il sert à embellir et à affirmer sa différence. On s'accorde généralement pour distinguer les plus anciens, en poil de chèvre, fabriqués en Inde, qui se composent d'une sorte de patchwork de petits morceaux tissés séparément puis cousus ensemble, ceux tissés en France, mécaniquement, en une seule pièce, en laine, parfois en laine et soie, et enfin ceux qui ne sont que des imprimés. Ils sont populaires dans toute la France. Ils sont souvent très grands et recouvrent les épaules ; les deux pans sont parfois réunis sur la poitrine par une belle agrafe en argent.

Plus modestes que ces grands châles, des fichus, souvent imprimés au rouleau, sont plus courants. Ils sont en indienne ou en coton. Leurs motifs sont généralement flo-

4

5

Page de gauche :
1. Détail de la réserve du châle cachemire.
2. Châle cachemire, tissage – endroit et envers –, XIXe siècle.

3. Fichus imprimés fleuris en cotonnade.

4. Fichus à carreaux.

5. Châle de mousseline blanche brodée.

Bourse en perles tissées.

A droite :
Bourse perlée, époque Empire.

raux. Ce sont de grands carrés qui se posent sur les épaules après avoir été pliés en pointes. Ce pliage met en valeur seulement deux angles sur les quatre, ce qui a amené à plus richement décorer deux coins. Cette particularité, se retrouve sur beaucoup de fichus de mousseline blanche brodés sur une seule pointe. La mode avait été lancée par Marie-Antoinette ; le fichu était alors nommé « cache-cœur ». Les broderies au point de Beauvais sont inspirées de motifs floraux. Bayeux était réputée pour la beauté de ces fichus.

Au début du XIXe siècle, les Normandes ajustent volontiers des poches en tissu à leur ceinture, parfois sur la robe, d'autres fois sous le tablier. Ces poches leur servent à garder pardevers elles leur menue monnaie ou les accessoires du quotidien.

Les femmes plus aisées ont rapidement utilisé des bourses en tissu – velours noir ou de couleur, satin ou autres étoffes – comme sacs à main. Elles sont plus élégantes que des poches et permettent aussi de garder le nécessaire féminin. Certains de ces réticules sont brodés ou perlés.

Les accessoires communs aux femmes et aux hommes

Les bourses à louis, en forme de cylindre fermé aux extrémités, avec une ouverture dans la longueur sont resserrées au centre par un anneau métallique coulissant. Leur usage est de contenir les pièces de monnaie, d'où leur nom de « bourses à louis ». Fabriquées entièrement en tissage de perles ou en tissu plus ou moins perlé, elles sont en vogue durant la première moitié du XIXe siècle. D'autres bourses à louis ont la forme d'une montre, elles s'ouvrent, et quelques pièces peuvent y être rangées. Peut-on considérer la bourse à louis comme l'ancêtre du porte-monnaie ?

Bourse à louis, type à gousset, XIXe siècle.

Bourses à louis, tissage de perles, XIXe siècle.

Paniers, fin du XIXe, début du XXe siècle.

C'est à partir du milieu du siècle que les paniers vont apparaître, pour remplacer partiellement l'usage des poches et des bourses. Les paniers sont tressés en osier ou en rotin ; ils sont plus ou moins travaillés, arrondis ou rectangulaires, teintés de différents tons, avec une prépondérance du noir. C'est aussi à cette époque que sont proposés les premiers sacs en cuirs, appréciés notamment par les voyageurs.

Le parapluie est un accessoire très utile dans notre région, il servait aussi à protéger les coiffes si fragiles. Il est très vaste, en toile bleue ou rouge éclatant. Son manche court a une extrémité recourbée garnie de corne ou de métal argenté ou cuivré. Ses baleines sont en jonc. On trouve parfois des parapluies dits « de cheval » dont la particularité est qu'un anneau remplace la pointe ; ceci permet de pendre le parapluie à l'arçon de la selle.

1

2

3

1. Grand panier d'osier.

2. Sacs de voyage en cuir, XIXe siècle.

3. Parapluies.

Les accessoires du costume masculin

Pour parfaire sa tenue, le Normand noue autour de son cou un mouchoir de cou ou une cravate.

La cravate peut être un modeste ruban, plutôt étroit, fermé d'un simple nœud ; c'est l'anguille. En revanche, on trouve également des cravates en soie brochée, de couleur ou blanches, en mousseline blanche brodée, avec lesquelles on fait un large nœud à deux pointes. Plus tard, après la guerre de 1870, de longues bandes de soie sont nouées avec les pans descendant sur la poitrine ; c'est la lavallière. Enfin, vers 1900, apparaît le nœud noir, type papillon.

Le paysan, plus modestement, porte un mouchoir de cou, en coton, en indienne ou en soie. Ces mouchoirs sont des carrés que l'on plie en pointe. La couleur dominante est le rouge. Les manufactures rouennaises produisent beaucoup de ces foulards imprimés. Les sujets imprimés peuvent être purement décoratifs, à carrés, à motifs floraux, ou bien illustrant des savoirs populaires ou des scènes de la vie au village dès 1840. Vers 1880, un industriel rouennais, Renault, fait imprimer une série de dix mouchoirs de cou représentant des éléments d'instruction militaire ou d'imagerie de guerre : « Démontage et remontage d'un fusil modèle 1874 », « Destruction d'un cuirassé par un torpilleur », par exemple.

1. Cravates, XIXe siècle.

2. Foulards de cou.

3. Tours de cou, l'un en soie l'autre en coton.

2

3

Indispensable élément pour le bien-être du paysan, les bretelles sont, au début du XIXe siècle, des bandes de tissu, parfois finement brodées, qui s'attachent à l'avant et à l'arrière du pantalon. En passant au-dessus de l'épaule, elles le maintiennent en place. Plus tard, elles seront en élastique de coton de couleur bleu marine, grise ou écrue, où les embouts de gauche, de droite

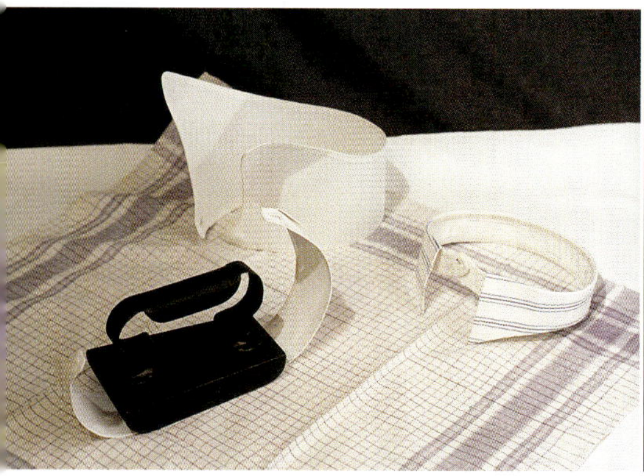

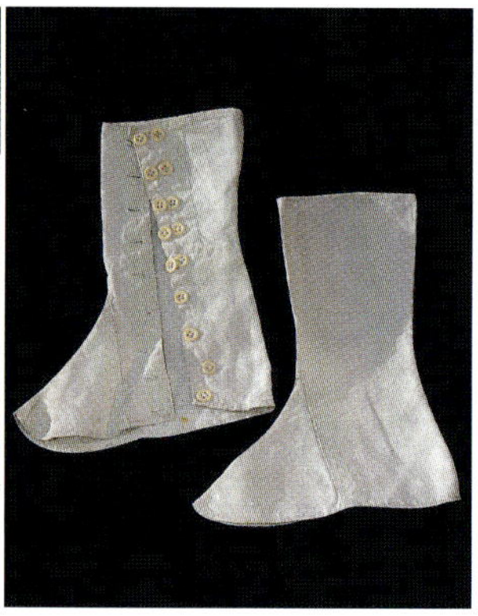

Cols, amidonnage et repassage, début du XXe siècle.

A droite :
Guêtres en lin avec boutons en os.

et au dos forment des melles qui seront retenues par des boutons.

Faux cols, plastrons, jabots, fausses manchettes sont peut-être plus des pièces de costumes que des accessoires. Les cols s'ajustent au col de chemise par deux boutons, souvent en nacre. Les formes ont évolué durant le XIXe siècle. Ces pièces sont de toile fine, blanche. Elles sont repassées, amidonnées et lustrées ; plus tard, elles seront glacées.

« Elle l'ouvrait [la porte] avec plaisir devant M. Bourais, ancien avoué. Sa cravate blanche et sa calvitie, le jabot de sa chemise, son ample redingote brune, sa façon de priser en arrondissant le bras, tout son individu lui produisait ce trouble où nous jette le spectacle des hommes extraordinaires. »

Gustave Flaubert, *Un cœur simple*, 1877

Pour voyager à travers la campagne, le Normand protège volontiers ses chaussures et ses bas par des guêtres, des houseaux, des gamaches, en cuir ou en toile forte et solide. Ces guêtres se boutonnent jusqu'au genou et se prolongent parfois jusqu'à mi-cuisses.

« C'était Liébard, le fermier de Toucques, petit, rouge, obèse, portant une veste grise et des houseaux armés d'éperons. »

Gustave Flaubert, *Un cœur simple*, 1877

Le Normand se sépare rarement de son bâton de frêne pour se rendre aux foires et aux marchés. On trouve parfois des bâtons-cannes, réalisés dans des bois présentant un aspect de torsade, ou sculptés. En ville, le Normand aisé possède quelquefois une canne à pommeau, en métal argenté plus ou moins ouvragé.

Pour les personnes qui désirent du linge très fortement empesé et par conséquent très raide, ou lorsque l'on a à préparer des cols, manchettes, plastrons, nous recommandons la formule suivante :

a) Eau . . . . 1 litre
Amidon de riz . . . . 30 grammes
Gélatine . . . . 5 grammes

b) Eau . . . . 1 litre
Amidon de riz . . . . 225 grammes
Borax . . . . 30 grammes

Le glaçage a pour but de rendre au linge l'apprêt du neuf et l'avantage de le conserver propre beaucoup plus longtemps.
Pour obtenir un beau glaçage, il faut d'abord empeser selon une des recettes précédentes, et repasser le linge. Ceci fait, il suffira de l'humecter avec un chiffon trempé dans le l'eau de savon :

Eau . . . . 100 grammes
Savon . . . . 20 grammes

Passer immédiatement le fer à glacer, bien chaud en appuyant fortement.

Tabatières.

« La boue souillait aussi à une grande hauteur la massue du pied de frêne qu'il tenait à la main, et qu'une lanière de cuir, formant fouet, fixait à son solide poignet, dans des enroulements multipliés. »

Jules Barbey d'Aurevilly, *L'Ensorcelée*, 1854

Le tabac, en France, est consommé depuis le XVIe siècle. Les gens du peuple fument vraisemblablement beaucoup plus tard, quand la culture du tabac est installée. Mais dès le XVIIe siècle, la pipe sert à fumer ; c'est plus tard que l'on mâchera le tabac à chiquer ou que l'on reniflera le tabac à priser.

Les premières pipes ont été fabriquées en terre, en porcelaine, puis en bois. Les fourneaux peuvent être très ouvragés. Les formes sont aussi très diverses, pipe longue et fine au petit fourneau en terre ou pipe plus courte en bois dite « brûle-gueule », qui réchauffe les mains, fort recherchée dans les tranchées de la Première Guerre mondiale, quand du tabac est distribué au soldat. Au XIXe siècle, et même plus tard, il n'est pas rare de prendre du tabac à priser. On déposait quelques poussières de tabac sur le pouce, et l'on aspirait fortement narine par narine. Ce tabac à priser est conservé dans des tabatières... Il en existe de nombreux modèles. Certains sont destinés à rester sur place dans la maison, d'autres permettent d'être emportés dans la poche. Très en vogue au XVIIIe siècle, les tabatières françaises sont un signe de distinction et d'élégance ; toutes les techniques de l'art des métaux, de l'orfèvrerie et du bois ont pu être utilisées pour leur fabrication. Les hommes du peuple possédaient des tabatières plus modestes, et néanmoins élégantes ; elles sont souvent de bois, en forme de boîtes ou de sabots.

J'ai hérité d'man grand-père
D'eune tabatière en vus argent
Et j'ai ouï dir' qu'ma grand-mère
Y mettait l'pouce assez souvent.

Henry Ermice, « La Tabatière », 1925

En présentant les costumes portés au XIXe siècle, nous avons cité les tissus qui servaient à leur confection. Peut-être serait-il bon d'évoquer les circonstances de fabrication et de préparation de ces tissus. Sous l'Ancien Régime, les fabrications des tissus étaient codifiées par charte et sévèrement contrôlées, au moins pour la production dans les ateliers royaux. Mais, bien sûr, les tisserands confectionnaient des tissus à partir des fils préparés de façon très locale, parfois familiale. Puis la mise au point des métiers à tisser industriels – des premiers, vers 1750, jusqu'au métier Jacquard en 1807 – permet de développer les manufactures au cours du XIXe siècle et de commercialiser des étoffes à un prix moindre et en quantité plus conséquente. Les matières premières utilisées sont d'origine végétale ou animale. On peut classer celles citées dans cet ouvrage de la façon suivante :

Cotonnade à carreaux, XIXe siècle.

Page de gauche : **Toile de lin et de chanvre, XIXe siècle.**

La laine, le lin, le chanvre et, bien sûr, les cuirs et peaux sont présents et exploités depuis les temps anciens. A partir de 1450, et surtout sous Henri IV, la culture du ver à soie implantée dans la région lyonnaise se développe.

	Origines		Tissus
Origine végétale :	- fibres entourant la graine ou les fruits : coton		coton
	- fibres contenues dans la tige : lin, chanvre		lin, chanvre
	- fibres contenues dans les feuilles : alpha et sparte		alpha, sparte
Origine animale :	- provenant de toisons :	moutons, laine	laine ordinaire
		chèvres angora	mohair
		chèvres du Tibet	cachemire
		chameau	poil de chameau
	- provenant de secrétions :	bombyx du mûrier	soie

Cotonnade imprimée à motif de palmette, XIXe siècle.

Enfin, les premières balles de coton arrivent des Etats-Unis à partir de 1750.

Les différentes étapes de la confection d'un vêtement sont donc la préparation du fil, le tissage du tissu et la confection, confiée à la couturière. Pour la laine par exemple, une part du travail pouvait se faire à la maison, puis un artisan local intervenait. La laine prélevée sur le mouton était lavée, dégraissée, souvent à la rivière, et ensuite filée, soit à la maison, soit par une fileuse travaillant à tâche. Les écheveaux sont alors livrés au tisserand qui réalisera la pièce de tissu. Les fournitures complémentaires (fils, boutons, boucles...) étaient achetées chez les marchands de la grande ville, ou bien au colporteur ou aux marchands installés sur les grandes foires, à Lessay, à Guibray, etc. Dans l'habillement des gens du peuple, les matières premières produites localement vont donc avoir une grande place, notamment le drap et toutes ses variantes. Les vêtements, habits d'hommes, jupes et corps de femmes, manteaux et capes sont souvent de drap ou autres tissus de laine.

Le drap est un tissu fait de laine fine ou plus grossière, cardée ou mélangée, tissée serrée en armure toile ou sergé. Après le tissage, il est foulé, ce qui permet d'entremêler les fibres, d'augmenter l'épaisseur du tissu et de lui conférer un aspect moelleux. Les draps ont été confectionnés de façon importante en Normandie, où des villes ont acquis une renommée pour la qualité de leurs produits ; par exemple, Elbeuf-sur-Seine, Louviers, Rouen, Bernay... Des moulins à foulon existaient aussi en grand nombre, et, à titre d'anecdote, on peut rappeler qu'Olivier Basselin, poète virois du XVe siècle, exerçait le métier de maître foulon dans la vallée de la Vire. Le drap de Vire était d'ailleurs réputé, quoique moins beau et moins cher que celui d'Elbeuf ou de Louviers.

L'étamine est une étoffe de laine fine tissée avec une armure de toile. Elle fut fabriquée au XVIIIe siècle en Basse-Normandie, entre autres, à Sées et à Argentan. Plus légère que le drap, l'étamine était appréciée pour confectionner les vêtements féminins. La serge est aussi un tissu de laine, croisée et foulée, présentant de fines côtes obliques. Le froc est une sorte de serge, un peu rude au toucher, mais très résistante. La bure est faite de laine assez grossière non teinte ou de couleur brunâtre. La ratine est une étoffe de laine croisée, dont le poil est tiré au-dehors et frisé. Elle fut fabriquée entre autres lieux à Rouen. L'espagnolette, elle, est aussi un tissu de laine, mais elle est plus fine que les précédentes.

Puis la laine a été mélangée à d'autres matières premières. Les tissus ainsi obtenus sont nombreux et variés. Parmi ceux-ci, il faut mentionner les droguets, d'une telle solidité qu'ils sont réputés quasi inusables. La chaîne est en chanvre ou en lin et la trame en laine. Ils sont très appréciés des Normandes. Ce sont des tissus épais et lourds. Ils ont été fabriqués notamment à Argentan, à Coutances, à Nogent-le-Rotrou. La trame du droguet est le plus souvent composée de fils de couleur : bleu, rouge, jaune, noir, vert,

brun et blanc. Le tissu est donc rayé, les rayures peuvent être régulières ou non. Les droguets tricolores, particulièrement ceux qui ont une rayure blanche, sont réputés dater de la Révolution. Dans le Cotentin, les droguets unis, verts, violets, marron, puce, prune et noirs sont appréciés et très utilisés.

Le droguet a été tellement prisé en Basse-Normandie qu'il faudrait, certainement, lui consacrer une étude à lui seul. Au XVIIIe siècle, les règlements royaux spécifiaient le nombre de fils de laine nécessaires à la chaîne et à la qualité des laines. Pour un droguet de bonne qualité, il fallait entre huit cents et mille trois cent soixante fils de bon lin bien tissé pour une largeur de chaîne, ce qui produit un tissu très serré. La laine de la trame pouvait être de bonne qualité ou parfois mélangée avec de la laine réutilisée. Les fils sont teints avant tissage. Dans la région de Valognes, au XVIIe siècle, il a été tissé une sorte de droguet appelé « meslinge », utilisé également pour les habits d'hommes ou de femmes : vestes, culottes, jupes. Une autre étoffe, moins serrée que le droguet, mais également avec une chaîne de lin et une trame en laine était connue sous le nom de « tiretaine ».

La finette de Saint-Lô est aussi un mélange de fils de lin et de laine bleue, elle fut utilisée pour les habits d'hommes. La laine, mélangée avec de la soie, donne le reps, toile très forte à armure de toile à côtes. Le nom de « reps » a aussi été donné à des tissus de laine et coton, puis de coton seul. L'alépine est également une étoffe de soie et laine. Elle tirerait son nom de la ville d'Alep, en Syrie. La flanelle présente une chaîne de fil et une trame de laine. Elle fut produite en grande quantité dans la région de Saint-Lô, ainsi qu'à Darnétal, au début du XIXe siècle. Avec d'autres matériaux, la laine a donné le cachemire, tissu originaire des Indes, où la laine est tissée avec des poils de chèvre, mais aussi le camelot, fait de laine et de poils de chameau. Le cachemire, d'abord étoffe importée des Indes, notamment sous forme de châles, a été ensuite imitée en France, sous forme de tissu broché, mélange de laine et soie et aussi laine

Droguets rayés, XIXe siècle.

Cotonnade à fleurs, XIXe siècle.

Robe Empire en indienne, Seine-Maritime. XIXe siècle.
Musée de Normandie. Caen.

et coton. Pour le camelot, l'armure est non croisée. Le camelot donnera également son nom à des tissus confectionnés tout en laine ou en laine et soie, ou en poils de chèvre et soie. La laine constitue la chaîne, l'autre matière la trame. Le chanvre n'a, semble-t-il, guère été exploité seul, mais plutôt comme chaîne mélangée avec d'autres matières comme trame. Le chanvre est utilisé dans la chaîne du droguet. Il sert à la fabrication de la futaine et est associé au coton dans les manufactures de Lisieux. Le lin de Vimoutiers et celui de Coutances furent réputés. La toile de Coutances est prisée à l'étranger et exportée. Sa fabrication durera jusqu'au début du XXe siècle. Le lin a permis de tisser des étoffes plus ou moins fines, notamment pour les sous-vêtements, les chemises par exemple. Le coutil a d'abord été une toile de lin ; plus tard, il fut confectionné avec du coton. La batiste est une toile de lin très fine. Le linon est également un tissu de lin, léger, fin et transparent. Il servira pour les coiffes et les bonnettes.

Puis les cotons arrivèrent en France et les tissus réalisés avec du coton seul ou en mélange furent grandement utilisés au XIXe siècle. Les indiennes sont des toiles de coton d'abord importées des Indes, peintes à la main, d'où leur nom. Puis elles furent tissées, notamment en Haute-Normandie, imprimées à la planche de bois, puis au rouleau. A l'époque, les Normandes sont séduites par la légèreté de ce tissu de coton pur, par ses couleurs inaltérables au lavage, par la beauté de ses décors de fleurs. Dès la fin du XVIIIe siècle, on trouve d'importantes manufactures d'indiennes, notamment Rouen, Bolbec.

L'arrivée du coton en France et son industrialisation favorisent la création de tissus légers. Le jaconas est une de ces étoffes, apprécié pour les robes et la lingerie. C'est un tissu qui fut aussi importé des Indes. La mousseline et la percale servent également pour les fragiles pièces de lingerie et les coiffes. Le calicot est une toile moins fine que la percale. Il est originaire de la ville de Calicut, sur la côte sud-ouest de l'Inde. Des toiles mêlées de coton et d'autres matières sont devenues courantes. La siamoise, à l'origine chaîne de soie écrue et trame de coton, puis lin et coton, est un tissu solide utilisé pour les robes par exemple ; elle est notamment produite à Rouen et dans l'Orne, à Céton. Le coutil est une toile croisée et très serrée, de lin et de coton. Il sert à faire des vêtements masculins, culottes, pantalons, etc. L'ottoman est un tissu de soie et coton avec une armure formant de grosses côtes. Les cotonnades de Vire se font avec une « chaîne de très beau fil remplie de coton ». Souvent rayées, elles servaient à confectionner des vêtements de femmes, jupes, corsages, etc. Le basin est une étoffe très fine de lin et coton, utilisée en particulier pour les coiffes. Enfin, la réputation du bonnet de coton est telle qu'on ne peut l'oublier. La bonneterie de Falaise fut réputée en son temps. La foire de Guibray, à Falaise, fut un des hauts lieux du commerce national, réputée pour ses chevaux sans doute, mais aussi pour le commerce des textiles. Le satin est à l'origine un tissu de soie pure. Son armure en fait une

Ailes de coiffe en basin.

A gauche :
Cotonnade rayée, tissée, XIXe siècle.

étoffe lustrée sur l'endroit, sans trame apparente. Ultérieurement, le nom a été retenu pour désigner des tissus d'autres matières, mais tissés selon cette armure, le satin de coton, par exemple.

Les étoffes importées par le commerce des grands ports, notamment Le Havre avec les comptoirs de l'Inde, ont été introduites très tôt en Haute-Normandie. C'est donc assez naturellement que ces tissus ont été imités et fabriqués dans les ateliers et manufactures de Haute-Normandie : Rouen, Bolbec, etc.

D'autres éléments sont nécessaires à la fabrication des costumes.

La dentelle est un ouvrage léger et décoratif à motifs ajourés que l'on réalise avec un ou plusieurs fils de coton, de lin ou de soie. Elle est entièrement élaborée à partir d'un dessin. A Alençon ou à Argentan, la dentelle est faite à l'aiguille avec différents points. A Bayeux, à Caen ou à Courseulles-sur-Mer, c'est une dentelle aux fuseaux : les fils sont enroulés sur une petite bobine, le bloquet, et entrecroisés par manipulation de ceux-ci. Le travail de la dentelle aux fuseaux était pratiqué par les Normandes dans de nombreux foyers. La dentelle de Bayeux était surtout en fil, la blonde de Caen en soie grège et la courseulles était polychrome. Au XIXe siècle, la valenciennes apparaît. C'est une dentelle aux fuseaux à fils coupés dont le plus gros producteur est la Belgique. Les Valenciennes mécaniques, reconnaissables à leur raideur, inondent le marché dès 1850 ; les Normandes en étaient friandes pour agrémenter leurs vêtements, corsages, lingerie et bonnettes.

La broderie est une technique d'ornementation qui consiste à ajouter sur un fond de tissu préexistant un décor à plat ou en relief.

Dentelles.

A droite :
Cols et poignets en mousseline et dentelles.

« En sa qualité de bonne Normande, Madame d'Eturquerais avait toujours eu la religion de la toile ; il se trouvait entassé plein les armoires tout le linge de maison qu'elle avait recueilli dans quatre ou cinq successions, c'est-à-dire en draps de Lisieux, en nappes, en serviettes de Vimoutiers, de quoi former le trousseau de cinquante Parisiennes. »

Hector Malot, *Un beau-frère*, 1868

Elle est exécutée à l'aiguille ou au crochet. Le point de Beauvais est réalisé avec un fin crochet sur métier et son aspect rappelle le point de chaînette. Les fonds et les passes de coiffes peuvent être brodés au point de Beauvais, de chaînette ou de plumetis. Les cols, les poignets, les tours de poche des blaudes sont brodés, le plus souvent, au point de Beauvais.

Dentelle Blonde de Caen. XIXe siècle.

Glossaire

Amidon : Fécule extraite de la pomme de terre, du riz, de l'orge et du blé. L'amidon délayé dans l'eau sert pour faire l'empois. Le terme « amidon » est couramment utilisé pour désigner l'empois lui-même. Il peut être utilisé cru ou cuit.

Amidonner : Imprégner, apprêter avec de l'amidon.

Apollon : Corsage avec basque et manche à revers.

Armure : Expression utilisée en tissage pour désigner le mode d'entrecroisement de la chaîne et de la trame.

Aumônière : Bourse se portant à la ceinture.

Aune : Ancienne mesure de longueur valant 3 pieds 7 pouces et 10 lignes, soit plus ou moins 1,20 mètre. Elle a donné son nom à une règle de bois de cette longueur, servant notamment à mesurer le tissu.

Baleine : Lamelle flexible servant à renforcer certaines pièces de vêtements ou certains accessoires : baleines de parapluie.

Bavette ou baverette : Partie du tablier qui couvre la poitrine. En patois, on dit « devanteau » ou « devanté ».

Bavolet : Coiffe dont les pans sont repliés sur le dessus.

Bélière : Anneau de suspension d'une montre, d'une boucle d'oreille ou d'une croix.

Blaude : Blouse. Vêtement porté par les hommes par-dessus la chemise et le gilet, en toile de lin.

Blaudiau : Sorte de veste d'homme, courte, en droguet, utilisée en Cotentin.

Bourse : Sorte de petit sac pour mettre de l'argent.

Broché : Procédé de tissage, formant des dessins sur l'étoffe.

Broderie blanche : Broderie réalisée en fil blanc sur une étoffe blanche, lin, chanvre ou coton. On emploie du lin ou du coton à broder tordu ou floche, mat ou brillant.

Broderie madère : Variété de broderie formée d'œillets placés à côté les uns des autres et avec lesquels on compose des motifs.

Cabochon : Primitivement pierre précieuse non taillée en facettes, de forme convexe. Le mot vient de « caboche », clou à tête large et ronde.

Cache-cœur : Petit vêtement court croisé sur la poitrine.

Camisole : Vêtement court ou long et à manches, qui se porte sur la chemise.

Capot : Cape longue, parfois avec capuche, ou à grand col pouvant couvrir la tête.

Caraco : Vêtement de femme couvrant le buste, plus ou moins ajusté, plus ou moins long, généralement avec des manches longues. Voir Corps, Corselet.

Casaque : Courte jaquette de femme.

Casaquin : Vêtement de femme, couvrant le buste. Il a généralement des petites basques formées de deux gros plis partant de la taille. Il était très porté dans les campagnes à la fin du XVIIIe siècle et au début du XIXe.

Caudebec : Grand feutre rond noir, à larges bords, ceinturé d'un galon.

Chaperon : Coiffe de forme conique, très ancienne, formant capuchon. Très large, elle couvre les épaules et la pointe retombe par-derrière ou sur les côtés.

Chausses : Elément de costume masculin, couvrant le corps de la ceinture aux pieds. On le « chaussait », c'est-à-dire qu'on l'enfilait par les pieds.

Collet : Ancien nom de col.

Cône : Nom donné localement au tronc de cône en carton ou en sparterie, utilisé pour mettre en forme un bonnet rond.

Cornette : Coiffe de femme très ancienne, très simple, en toile ou en mousseline. Se portait au XVIIe siècle dans toutes les provinces.

Corozo : Substance très dure, tirée des grosses graines, dont elle représente l'albumen, d'un arbre de l'Amérique tropicale. On l'appelle « ivoire végétal ». On en fait notamment des boutons.

Corps : Corset de toile, souvent baleiné, recouvert d'un tissu, lacé devant ou derrière.

Corselet : Vêtement sans manche se portant sur la chemise, lacé devant, qui peut être baleiné.

Cotillon : Cotte ou jupe de dessous, mais désigne localement la jupe ou les jupons.

Cotte : Jupe de dessous. Voir Cotillon.

Déshabillé : A l'origine, vêtement d'été ou d'intérieur, se composant d'un apollon d'indienne ou de siamoise, et d'une jupe de même tissu. Le terme fut adopté par les femmes du peuple pour désigner plus généralement un habit fait de deux parties.

Devanteau, devantiau ou devantier : Nom donné au tablier en Basse-Normandie. Le vieux français connaissait « devantel ».

Ecume de mer : Magnésite naturelle ou artificielle avec laquelle on fabrique des pipes.

Empeser : Apprêter du linge avec de l'empois, composé d'amidon.

Escot : Serge de laine à tissu croisé.

Estampage : Action de travailler des feuilles de métal à l'aide d'une empreinte, pour obtenir des reliefs.

Faux-cul : Rembourrage porté sous la robe, au bas du dos, pour soutenir les lourds plis de la jupe. On disait « mettre une tournure ».

Foulon : Moulin servant à fouler les étoffes de laine, par pressage ou martelage.

Fripier : Personne qui vend des habits d'occasion.

Fuseau : Petite bobine de bois qui aide à enrouler et tendre le fil dont on se sert pour réaliser les dentelles. Elle est aussi appelée « bloquet ».

Fût : Armature de coiffe. Voir Cône. Nom utilisé localement dans la Manche.

Gamaches : Guêtres ou jambières en grosse toile boutonnées du pied jusqu'au-dessus du genou. Voir Houseaux.

Glaçage : Technique de repassage. Opération qui consiste à donner un aspect lisse et brillant, au linge préalablement amidonné.

Gorge-de-pigeon : Se dit d'une couleur à reflets changeants.

Gorgère : Large ruban noué sous le menton.

Haut-de-chausse : Culotte, partie supérieure des chausses. Il couvrait le corps depuis la ceinture jusqu'aux genoux.

Hennin : Coiffure féminine du Moyen Age, haute et conique. Utilisé localement pour désigner certaines coiffes

Houpelinot : Voir Faux-cul.

Houseaux : Hautes guêtres. Voir Gamaches.

Jacquard : Métier à tisser, du nom de son inventeur Joseph Marie Jacquard (1752-1834).

Jais : Variété de lignite fossile, combustible, dur et d'aspect compact, d'un beau noir brillant. Utilisé pour faire des perles, et très prisé à la fin du XIXe siècle.

Jarretière : Ruban ou tissu élastique qui sert à maintenir les bas.

Jaseron : Ouvrage façonné en maille métallique. Chaîne d'or à maille fine dont on fait principalement des colliers.

Lavallière : Sorte de nœud de cravate.

Limousine : Manteau de laine ordinaire.

Manchette : Bande de tissu adaptée aux poignets d'une chemise.

Mante : Vêtement de femme ample et sans manches.

Mantelet : Petite mante.

Melle : Terme local pour désigner une bride de fil servant de boutonnière sur le bord du tissu ou certaines petites boucles métalliques qui ferment une cape ou une blaude.

Néfile ou neufile : Tresse de coton la plus couramment utilisée comme lien ou comme coulisse. Il semble que cela soit le nom d'une ancienne marque passé localement dans le langage courant pour désigner ces liens présents sur de nombreuses pièces de costumes. Les passementeries de Saint-Lô et de Saint-Hilaire-du-Harcouët en ont fabriqué.

Nielle : Ornements ou figures que l'on grave en creux sur un ouvrage d'orfèvrerie et dont les traits sont remplis d'une sorte d'émail noir, fait d'un mélange d'argent, de plomb et de soufre liquéfiés.

Oignon : Se dit d'une montre de forme rebondie.

Paillage : Technique de repassage qui consiste à mettre en forme des petits plis serrés à l'aide de fines pailles.

Pellettes ou plettes : Sorte de petit chausson, ou simple bandelette en laine ou en peau de mouton que l'on glisse dans le sabot pour protéger le pied.

Pilou : Tissu de coton pelucheux.

Pli lingerie : Petit pli plat de 2 à 4 millimètres.

Pli serviette : Pli aplati opposé au pli creux.

Plissé debout : Ensemble de plis réalisés en serrant un tissu avec un fil.

Plumetis : Broderie en relief qui s'exécute sur une étoffe fine, à points serrés, lancés d'un bord à l'autre du motif préalablement bourré, de façon à le recouvrir complètement.

Point de Beauvais : Point qui se différencie du point de chaînette par le fait qu'il est exécuté sur le tissu tendu sur un tambour, à l'aide d'un crochet.

Polisson : Autre nom du faux-cul.

Pomponne : Cuivre doublé et plaqué. Du nom de l'Hôtel de Pomponne, à Paris, siège d'une manufacture royale, où ces objets en cuivre doublé et plaqué ont d'abord été fabriqués à la fin du XVIIe siècle.

Réticule : Petit sac à main ou bourse, autrefois à mailles fines, qui était très en vogue sous le Directoire.

Ruban rococo : Sorte de tresse confectionnée avec de minces rubans de couleur. Les dessins exécutés ne se composent que de fleurettes et de petites feuilles. Le ruban très étroit est appelé « ruban comète » ou « ruban rococo ».

Ruché : Etoffe plissée. Bande étroite de tulle ou de dentelle, plissée et froncée, dont l'aspect rappelle la gaufre de cire d'une ruche.

Sarrau : Vêtement de travail se portant pardessus les autres vêtements.

Satinette : Etoffe offrant l'aspect du satin.

Schall : Ancienne orthographe de « châle ».

Sparterie : Objet fait de spart ou sparte : graminée telle que l'alfa, dont les feuilles sont utilisées après rouissage. Après tissage, ce matériau rigide est utilisé pour les bonnets qui supportent les coiffes.

Surtout : Vêtement fort large, qu'on met par-dessus les autres habits.

Taffetas : Etoffe de soie.

Taupé : Qui ressemble à la fourrure de la taupe.

Toque : Coiffure d'homme, de femme ou d'enfant, sans bords ou à très petits bords.

Trou-trou : Suite de trous régulièrement espacés sur un tissu, permettant de passer un ruban ou de décorer.

Tuyautage : Technique de repassage pour obtenir, à l'aide de fers spécifiques, des ondulations plus ou moins importante du linge.

Valenciennes : Dentelle aux fuseaux à dessin floral sur fond de réseaux à mailles régulières.

Viorne : Arbrisseau de nos bois, dont les espèces principales sont la maintienne, la boule de neige et le laurier-tin. Les tiges ont été utilisées comme armature de certaines coiffes du Maine.

Bibliographie

Baudrier (Michèle), *Les Coiffes de la Sarthe*, Editions de la Reinette, Le Mans, 2004.

Bernage (Georges), *Le Costume normand*, Editions Heimdal, Bayeux, 1981.

Bijoux et orfèvres en Haute-Normandie, catalogue de l'exposition des Musées départementaux de Seine-Maritime, 1993.

Bouret (Brigitte), *Le Costume en Normandie du XVIIIe au XXe siècle* (sous la direction de Brigitte Bouret), Association des Conservateurs de Haute et Basse-Normandie, Luneray, 1989.

Bruneau (Marguerite), *Les Bonnets cauchois*, édité par le C.A.E.N., 2004.

—, *Histoire du costume populaire en Normandie*, édité par le C.A.E.N., tome 1, 1983.

—, *Histoire du costume populaire en Normandie*, édité par le C.A.E.N., tome 2, 1986.

—, *Le Costume normand au nord de la Seine*, collection « Connaître Rouen », tome III, sans date.

—, *Les Bijoux normands*, collection « Connaître Rouen », tome III, sans date.

Brunet (Arlette), « Les Coiffes normandes », in *Le Mois à Caen*, septembre 1975.

Canel (A.), *Histoire de la barbe et des cheveux en Normandie*, deuxième édition, Imprimerie Heutte, Saint-Germain, 1874.

Chauvet (Stephen), *La Normandie ancestrale*, Editeur Colas, Bayeux, 1951.

Costume, coutume, catalogue de l'exposition du Cinquantenaire du Musée national des Arts et Traditions populaires, Paris, 1987.

Dergny (Dieudonné), *Usages, coutumes et croyances*, réédition du Portulan, Brionne, 1971.

Ferry (M.), « La Bonnette de Bayeux », in *Le Mois à Caen*, juin 1975.

Janin (Jules), *La Normandie*, Editeur E. Bourdin, Paris, 1844.

La Normandie illustrée, sous la direction de A. Potier pour le tome 1 (Haute-Normandie) et de G. Mancel pour le tome 2 (Basse-Normandie), Nantes, 1852-1855. Réédition Culture et Civilisation, Bruxelles, 1977.

Lamiray (Henri), *Costumes normands*, Imprimerie de l'Eure, 1931.

Lanté et Gatine, *Costumes de femmes du pays de Caux et de plusieurs autres parties de l'ancienne province de Normandie*, dessinés par Lanté, gravés par Gatine, notices de Pierre de La Mésangère, Imprimerie Le Goupy, Paris, 1927.

Le Costume en Normandie au XIXe siècle, catalogue de l'exposition, Musée Eugène-Boudin, Honfleur, 2004.

Lecœur (Jules), *Esquisses du Bocage normand*, 2 volumes, Editeur Morel, Condé-sur-Noireau, 1883-1887. Réédition G. Monfort, Brionne, 1976.

Leroy (Charles), *Paysans normands au XVIIIe siècle, la vie rurale*.

Messager (J.) et Brunet (A.), « Le Costume normand au XIXe siècle », in *Le Mois à Caen*, juin 1974.

Monchaux (Marie-Claude), *Les Enfants normands*, Editions Ouest-France, Rennes, 1977.

Tissu d'histoire. Histoire de tissu, catalogue de l'exposition du Musée de Martainville, Martainville, 1999.

Van Gennep (Arnold), *Coutumes et croyances populaires en France*, Editions Le Chemin vert, Paris, 1980.

Dossiers de Mme Messager.

Collections particulières de Blaudes et Coëffes.

Collections du Musée de Normandie.

Collections du Musée Eugène-Boudin, Honfleur.

Remerciements

Ce livre est une réalisation de la Fédération folklorique Normandie Maine. La mise en forme a été conçue par une équipe de folkloristes amateurs, tous membres des groupes.

Les recherches ont été effectuées par les membres des groupes, souvent à partir des collections de chacun de ces ensembles, complétées par de fréquentes visites, dans les musées, aux archives et dans les bibliothèques. Chacun doit être ici remercié de sa collaboration.

Les groupes ci-dessous ont participé à ces travaux :

Assemblée du Vieux Lisieux
Blaudes et coëffes, de Caen
Dansons sous le Rouvre,
de Saint-Etienne-du-Rouvray
La Villotte, de Montivilliers
La Volante, de Coutances
La Gouline Sarthoise, du Mans
Le Bois d'Ennebourg, de Rouen
L'Payis d'Valougnes
Le Point d'Alençon
Le P'tit Capé de Brix
Les Machus du Havre
Les Pierrots de la Vallée,
de Garennes-sur-Eure
Le Trou Normand, de Domfront

Merci à eux, à leurs dirigeants, à leurs équipes de chercheurs, de nous avoir communiqué des monographies de costumes, de nous avoir prêté des documents, des éléments de costumes authentiques et de nous avoir autorisé à les présenter en illustrations.

Merci également au Musée Baron-Gérard de Bayeux, au Musée des Traditions et Arts normands, au Château de Martainville, au Musée d'Art et d'Histoire de Lisieux, au Musée de Normandie à Caen, au Musée du Vieux Granville, au Musée de Flers, à la Mairie d'Isigny-sur-Mer, de nous avoir autorisé à reproduire des gravures, des peintures, des photographies appartenant à leurs fonds.

Merci encore à M. Soubigou, pour la reproduction des œuvres de l'illustrateur Géo Fourrier.

Merci aussi aux particuliers qui nous ont ouvert leurs collections : Mme Chastagner, pour les reproductions des esquisses de Mme Leprince, Mlle Jarry, pour les archives de M. Vézard.

Merci, enfin, à Annie et Hélène Châtel, à Roselyne Corvée-Roussel, à Fabienne Malherbe, à Monique et Jean-Pierre Rius, à Alain Marie pour leurs travaux d'écriture, et sans lesquels ce livre n'aurait pas d'existence.

Table des matières

Éditeur
Christian Ryo

Coordination éditoriale
Caroline Decaudin

Conception graphique
et mise en page
Alexandre Chaize

Photogravure :
Micro Lynx (35)

Impression :
Mame Imprimeurs à tours (37)

Édilarge SA, Rennes
ISBN 978-2-7373-4334-6
Dépôt légal : janvier 2008
N° d'éditeur : 5517.01.06.01.08
Imprimé en France

Retrouvez-nous sur www.editionsouestfrance.fr